教师的健康
枕边书

柴瑞震 主编

黑龙江科学技术出版社
HEILONGJIANG SCIENCE AND TECHNOLOGY PRESS

图书在版编目（CIP）数据

教师的健康枕边书 / 柴瑞震主编 . —— 哈尔滨：黑龙江科学技术出版社，2022.1

ISBN 978-7-5719-1192-8

Ⅰ . ①教… Ⅱ .①柴… Ⅲ .①教师 – 保健 Ⅳ .① G478.2

中国版本图书馆 CIP 数据核字 (2021) 第 234217 号

教师的健康枕边书
JIAOSHI DE JIANKANG ZHEN BIAN SHU

主　　编　柴瑞震
策划编辑
封面设计　深圳·弘艺文化 HONGYI CULTURE
责任编辑　马远洋
出　　版　黑龙江科学技术出版社
地　　址　哈尔滨市南岗区公安街 70-2 号
邮　　编　150007
电　　话　（0451）53642106
传　　真　（0451）53642143
网　　址　www.lkcbs.cn
发　　行　全国新华书店
印　　刷　哈尔滨市石桥印务有限公司
开　　本　710mm×1000mm　1/16
印　　张　15
字　　数　230 千字
版　　次　2022 年 1 月第 1 版
印　　次　2022 年 1 月第 1 次印刷
书　　号　ISBN 978-7-5719-1192-8
定　　价　45.00 元

序言
PREFACE

谈起教师，我们第一时间会想到一个站立在黑板前面，手执粉笔挥挥洒洒，再抄起黑板擦将我们还没来得及记全的笔记擦掉，继续写上密密麻麻的白字的身影。我们心中的老师似乎总是坚定地站在那里，不会劳累不会疲惫，永远不会倒下。

紧张的工作与生活节奏之下，健康成为人人关注的话题，教师也不例外。通过社会调查数据发现，教师的健康状况不容乐观，教师们表现出的生理、心理"亚健康"比例呈大幅上涨的趋势。教师堪称职业病最为高发的行业，即使是刚从业几年的年轻老师，也已经有很多开始出现咽喉、腰椎、肩颈等方面的疾病，这与教师工作的特殊性和高强度是分不开的。

传道、授业、解惑，我们把太多重任压在了老师的身上。他们兢兢业业、勤勤恳恳，教书育人不计回报，为学生们的健康成长做出了不可估量的贡献。数不清的老师伏案工作，为学生操劳忙碌，花白了头发，也忽视了自己的健康状况，直到轰然倒下，才令亲友学生们发现原来顶天立地的师长也是血肉之身，并非百毒不侵。

桃李满天下，并不能掩盖病痛缠身的事实。教师不应等到发现自己的身体功能出现问题才引起重视，而应该在日常生活中通过饮食调理、锻炼、心理调整等方式保证自己的身心健康。在生活与工作等重重压力之下，能保证自己的身心健康，既是为自己负责，也是为家人负责，更是为社会负责。

《教师的健康枕边书》专为教师群体量身定制，从教师人群的健康现状、职业特点出发，科学、系统地讲解了身心健康各个方面的知识，教会教师们正确掌握科学养生之道与健康饮食，领会健康与运动的关系，预防和调理常见疾病等，是一本关于教师生活、工作、健康方面的小百科全书。

　　灵魂工程师在努力塑造大家的灵魂，而我们则忧心于如何教会他们照料自己的身体。希望天下所有的教师都能拥有健康的好身体。

目录
CONTENTS

PART 3

坚持好习惯，健康不远离

PART 4

良好的环境，为健康保驾护航

PART 5
常运动，为健康注入活力

PART 6
调整心态，保持心理健康

PART

1

教师的健康标准

1. 教师保健与亚健康

教师是一个集脑力劳动与体力劳动于一体的职业，在繁重而辛劳的教学中，老师们的身体备受疾病的困扰。有关调查数据表明，高强度的工作给教师的身体和心理都造成了不小的压力，七成以上教师处于亚健康状态，有职业病的教师不在少数。

健康的定义

健康是指一个人在身体、精神和社会适应等方面都处于良好的状态。健康包括两个方面的内容：一是主要脏器无疾病，身体形态发育良好，体形均匀，人体各系统具有良好的生理功能，有较强的身体活动能力和劳动能力，这是对健康最基本的要求；二是对疾病的抵抗能力较强，能够适应环境变化、各种生理刺激以及致病因素对身体的作用。

什么是亚健康

中华中医药学会发布的《亚健康中医临床指南》指出：亚健康是指人体处于健康和疾病之间的一种状态。处于亚健康状态者，不能达到健康的标准，表现为一定时间内的活力降低、功能和适应能力减退的症状，但不符合现代医学有关疾病的临床或亚临床诊断标准。

亚健康的人群在不同性别、年龄、职业上有一定差异，与出生地、民族无关。一般女性亚健康发生率高于男性，40～50岁年龄段较其他年龄段高发，教师、公务员都是高发人群。

导致亚健康的主要原因：饮食不合理、缺乏运动、作息不规律、睡眠不足、精神紧张、心理压力大、长期不良情绪等。

为什么教师更容易出现亚健康

有调查发现，当前教师中不同的健康状态的比例分别是：健康占 10.4%，亚健康占 45.55%，前临床状态占 23.63%，疾病状态占 20.42%。这表明，有 69.18% 的教师处于亚健康状态，而比一般人重度亚健康的发生率为 10%。专家更是表示，处于亚健康状态的教师中 40 岁左右是高发年龄段。

教师亚健康状态中躯体亚健康对于他们身体的伤害是实质性的，例如慢性咽炎和慢性支气管炎。教师用嗓子比较频繁，容易出现声音嘶哑甚至短暂失声，如果在发病时被其他病菌感染，容易诱发其他呼吸道疾病。而慢性支气管炎则是因为上课时吸入各类粉尘，长期大量地吸入粉尘，还容易形成肺病。面对这些情况，教师应该多吃水果蔬菜，及时补充营养，注意保暖，避免着凉，还要加强锻炼，强化身体功能。

此外，教师需要长时间伏案工作，而且姿势维持固定不变，尤其是 40 岁以上的中老年群体容易形成腰椎疾病和肩部问题等，类似于肩周炎、颈椎病和腰腿疼痛等问题频频发生。建议教师多注意活动身体，尽量避免长时间伏案工作。

教师的心理压力问题也尤为严重，因为面对的群体是学生。处于青春期的孩子心理问题较为严重，叛逆心强，学习压力大，教师要不断地用压力疏导法，把学生们心里的压力转移到别处，管理压力也是教师心理压力形成的原因之一。在新的社会环境下成长的学生，受多种因素的影响，心理复杂程度增强，个别学生心理产生扭曲现象，更有甚者出现极偏执的想法，需要班主任老师及时疏导和帮助。但是，老师们的心理压力谁能又帮助他们解决呢？

亚健康自我测评

亚健康状态一般是指机体介于健康与疾病之间的一种状态，包括生理性亚健康和心理性亚健康。

生理性亚健康测评

1. 早上起床时不断有头发丝掉落；5分

2. 感到有些抑郁，心里闷，觉得有事，常对着窗外发呆；3分

3. 昨天想好的一件事，今天怎么也记不起来了，而且近来常出现这种情况；10分

4. 害怕走进办公室，觉得工作令人厌倦；5分

5. 不愿面对同事和上司，想关起门来自己待着；5分

6. 工作效率下降，上司已表示对自己的工作不满意；5分

7. 工作一小时就感到身体倦怠，胸闷气短；10分

8. 始终无法提起工作情绪，容易动怒发脾气，但又似乎没有精力发作；5分

9. 一日三餐食量减少，即使非常适合自己口味的菜，吃起来也觉得没味道；5分

10. 盼望早点下班，离开办公室，为的是能够早些回家，躺在床上休息；5分

11. 不再像以前那样热衷于朋友的聚会，对社交有强打精神勉强应酬的感觉；2分

12. 对城市的污染或噪声非常敏感，比以前更渴望到清静的山水环境中休息身心；5分

13. 晚上经常睡不着觉，即使睡着了，又老是在做梦的状态中，睡眠质量很糟糕；10分

14. 体重有明显下降的趋势，早上起来感到眼眶有点凹陷，下巴突出；10分

15. 好像自己的免疫力在下降，春秋季节流感一来，自己首当其冲，常常感冒；5分

16. 性能力下降，有时妻子（丈夫）明显表示性的要求，但自己觉得疲惫不堪，没有什么兴趣，因而妻子（丈夫）甚至怀疑你已移情别恋或有外遇了；10分

（如果总分超过 30 分，表明自己已有轻度亚健康，应该注意休息了；总分超过 50 分，必须反省，重新调节自己，认真安排好生活、工作、休息，及时补充营养，充分休整；倘若总分达到 80 分，则务必请医生帮忙，或彻底休息一段日子，让身体得到充分调整，恢复健康。）

心理性亚健康

紧张—焦虑	多疑	嫉妒	自卑
忧郁	敏感	骄傲	恐惧
残酷	压抑	不良嗜好	

心理亚健康状态表现为：

①记忆力下降，注意力不集中。

在日常生活、工作中，是否老是忘记很多事情，在学习或工作时容易走神，无法集中自己的精力？其实这些都是心理亚健康的表现，它在提醒你，你已经处于一种亚健康的状态，要注意调整。

②思维缓慢、反应迟钝。

如果发现自己想问题时有些困难，与人交流时，脑海中偶尔"短路"，大脑的反应变慢，与人交谈时总会慢上半拍，那么就说明你正处于亚健康的状态了。

③长时间的不良情绪。

我们每一个人都会出现不良情绪，一般来说都能自我调整，但是如果不良情绪持续的时间比较长，无法自我调整，那么就需要注意了，如果不及时注意心理保健，有可能会恶化，出现抑郁症、焦虑症等心理疾病。

④不自信，安全感不够。

如果你发现自己最近越来越不自信，总是对未来忧虑，喜欢独处，回避社会，那你就要小心了！

2. 教师如何预防亚健康

亚健康不是疾病，但是可以理解为疾病的前驱阶段，如果任由这种状态发展下去，就会演变成疾病。作为教师，怎样才能预防亚健康呢？

生理性亚健康预防

①**心情愉悦**。已经有太多的研究表明，情绪会对身体健康造成一定的影响，不少疾病都是因为长期处于抑郁、压抑或是焦躁的负面情绪下而慢慢衍生出来的。保持愉快的心情，能够让我们始终处于积极向上的状态，开朗乐观，充满活力。

②**作息规律**。每个生物都有特定的节律性，也就是所谓的生物钟。就像四季更替、昼夜交替一样，只有在正确的时间段做正确的事，才能够向健康的方向发展。要遵从科学的、符合人体实际的时间表，合理安排作息，否则紊乱的生物钟会让你感觉身体各种不适。

③**保证睡眠**。我们不仅仅要保证每天睡足 8 小时，还要尽量提高睡眠的质量，让疲惫了一整天的身体能够在这几小时的时间内得到充分休息。睡前不要让自己太兴奋，可以用热水泡泡脚、听听舒缓的音乐……这些都是有助于睡得香甜的小窍门。

④**膳食合理**。绝对的肉食主义和素食主义都是不科学的，我们所倡导的应该是按照食物金字塔的比例，合理摄入多元化的营养。正确的膳食搭配能够强身健体，同时有效减少一些疾病的发生。

⑤**吃食科学**。早餐要特别讲究营养丰富，午餐要照顾到消耗的体力，所以要适当多吃一些，而晚餐是距离睡前不久的，因为运动减少，摄入也要相应减少。切不可暴饮暴食，也不可饥一顿饱一顿，更不能为了追求所谓的苗条而不吃饭。

⑥**坚持锻炼。**生命在于运动，适当的科学运动，特别是户外运动，能够让我们的身体变得强壮，免疫力提高，精力充沛，连工作或生活中的压力和烦恼也能够得到缓解、释放和宣泄。

心理性亚健康调理

①**面对现实、接受现实。**

能正确地认识现实、分析现实，并主动地适应现实，进而去改造现实，而不是一味地逃避现实。对周围的事物和环境能做出客观的评价，并与现实环境保持良好的接触。

②**调整心态、控制情绪。**

能适当地表达和控制自己的情绪，喜不狂、忧不绝、胜不骄、败不馁，谦逊不卑，自尊自重，在社会交往中既不妄自尊大也不畏缩恐惧，对于无法得到的东西不过于贪求，争取在社会规范允许范围内满足自己的各种需求，对于自己能得到的一切感到满意，心情总保持开朗、乐观。

③**了解自我、悦纳自我。**

对自己的能力、性格、情绪和优缺点能做出恰当、客观的评价，对自己不提出苛刻的非分期望与要求，并切合实际制定自己的人生目标和理想，努力发展自身潜能，坦然面对自己无法补救的缺陷。

④**接受他人、善与人处。**

从实际出发去认识别人存在的重要性，做到为他人所理解，为他人和集体所接受，人际关系和谐，乐群性强，既能在与挚友间相聚之时共欢乐，也能在独处沉思之时而无孤独之感。

⑤**热爱生活、乐于工作学习。**

珍惜和热爱生活，在生活中尽情享受人生乐趣。在工作和学习中尽自己的能力发挥自己的个性及聪明才智，并从成果中获得满足和喜悦，把工作学习当作乐趣而不是负担。

PART
2

合理饮食是健康的基础

1. 教师日常饮食原则

现代社会的快节奏让很多人只管吃饱，并不重视饮食的搭配和均衡。教师养生，要特别关注合理饮食，这是衡量健康的一把标尺。

控制总热量，避免肥胖

教师出于职业特殊性，平时活动相对较少，所以每日摄入的热量应控制在1800 ~ 2340 千卡（1 千卡 ≈ 4.19 千焦），体重才能控制在标准范围内。已有资料和临床观察证实，人体超重越多，越容易患胆石症、糖尿病、痛风、高血压、冠心病等。因此，预防肥胖对教师保健具有重要意义。

平时人们从饮食中获取热量来维持机体的生命活动。但是如果摄入过量的热量，剩余的热量就会储存在人体内，容易引起高脂血症，甚至引发脑卒中、心脑血管疾病、动脉粥样硬化等一系列疾病。所以，我们应控制热量的摄入。

要避免多余的热量，首先要知道自身需要多少热量。某日应摄入总热量 = 每日每千克体重需热量 × 标准体重。不同的体型对于能量的需求不同，不同活动的体力消耗不同，需要的热量补充也相应不同。体型的判断可根据体重指数计算法来确定：

体重指数(BMI)= 体重(千克) / [身高(米)]^2，对于男性来说，BMI 在 21（含）至 24（含）之间为适宜体重，小于 21 的为偏瘦，大于 24 而小于 28（含）的为超重，大于 28 的为肥胖；对于女性来说，BMI 在 21（含）至 23（含）之间为适宜体重，小于 20 的为偏瘦，大于 23 而小于 27（含）的为超重，大于 27 的为肥胖。

一般来说，诸如办公室工作、下棋、打牌等活动属轻体力活动；周末大扫除、游泳、跳舞等活动属于中等体力活动；从事搬运、装卸工作和半小时以上较激烈的球类运动等属于重体力活动。知道自己的体重类型和具体某一日所进行的活动强度类型后，就可以知道自己这一天每千克体重需要多少热量了。

一般来说，对于超重或肥胖者，每千克体重所需热量为：卧床者 15 千卡，轻体力活动者 20 ~ 25 千卡，中等体力活动者 30 千卡，重体力活动者 35 千卡；对于标准体重者，每千克体重所需热量为：卧床者 15 ~ 20 千卡，轻体力活动者 23 千卡，中等体力活动者 35 千卡，重体力活动者 40 千卡；对于消瘦者，每千克体重所需热量为：卧床者 20 ~ 25 千卡，轻体力活动者 35 千卡，中等体力活动者 40 千卡，重体力活动者 45 ~ 50 千卡。

另外，良好的饮食习惯可避免摄入过多热量。在制作食物时，采用清蒸、煮、拌的烹饪方法，而不是煎、炸、烤，如鸡腿煮熟后可凉拌而不是油炸；尽量不加沙拉酱等调味料，如直接食用苹果，而不是加沙拉酱或蛋黄酱制成沙拉食用；用鲜榨果蔬汁代替可乐、橙汁等甜味饮料；用水果作为甜点或加餐，而不是食用糖、蛋糕等甜食。

保持适量蛋白质

蛋白质是由碳、氢、氧、氮等基本元素组成的高分子物质，其组成的基本单位是氨基酸。构成蛋白质的氨基酸有 20 多种，不同的氨基酸按不同数量、比例组成千变万化的蛋白质。食物中的各种蛋白质被消化为各种氨基酸吸收，在人体内再重新组合成不同的体蛋白，以满足人体生命活动及生长发育的需要。

在蛋白质所含的20多种氨基酸中，有8种氨基酸在人体内不能合成或合成速度不能满足机体需要，必须从每日膳食中获取。在营养学上称这8种氨基酸为必需氨基酸，即赖氨酸、色氨酸、蛋氨酸、苏氨酸、缬氨酸、亮氨酸、异亮氨酸、苯丙氨酸。

食物蛋白质的营养价值取决于其所含必需氨基酸的种类是否齐全、数量是否充足、比例是否恰当。食物蛋白质的必需氨基酸种类、数量、比例与人体蛋白越接近，其营养价值就越高，否则食物蛋白质的营养价值就会受到限制。奶类、蛋类、肉类、豆制品等食物所含蛋白质，因为必需氨基酸种类齐全、数量充足、比例恰当，故被称为优质蛋白；而各类粮谷所提供的蛋白质因缺少一种或几种必需氨基酸，其蛋白质的营养价值下降，尤其是赖氨酸缺少更为明显，是影响粮谷蛋白质营养价值的第一限制氨基酸。很显然，单纯依靠粮谷蛋白质不能完全满足机体营养需要，因此在每日膳食中除粮谷主食外，必须摄入一定数量的优质蛋白质才能保证

机体生长发育及生理活动的需要。

蛋白质是人体必需的营养素，它是构成机体所有组织细胞的重要物质基础，是生命活动的基础，具有促进生长发育和组织修补作用。同时蛋白质还具有维持体液平衡、酸碱平衡的功能。

教师群体每天需摄入 70 ~ 80 克蛋白质，其中优质蛋白质应不少于 1/3，而正在生长发育阶段的儿童应保证优质蛋白质达到 1/2 以上。牛奶、禽蛋、瘦肉、鱼类、家禽、豆类和豆制品都富含优质蛋白质。大豆类及其制品含有较丰富的植物蛋白质，对教师群体非常有益。由于人体的蛋白质每天都在消耗，所以每天摄入的蛋白质应保持平衡，这对延缓消化系统退行性变大有好处。

适当限制糖类

糖类是由碳、氢、氧三种元素组成的有机化合物。糖类可分为单糖、双糖和多糖三类。单糖包括葡萄糖、果糖和半乳糖，是组成双糖和多糖的基本单位，是食物中糖类营养素消化吸收的基本形式。双糖有蔗糖、麦芽糖和乳糖，其中蔗糖是由一分子葡萄糖和一分子果糖缩合而成，食用的白糖、红糖属于糖，在天然食物中以甘蔗、甜菜等含糖量较高；麦芽糖由二分子葡萄糖缩合而成，在谷芽尤其是麦芽中含量最丰富，在啤酒中以麦芽糖含量确定度数；乳糖由一分子葡萄糖和一分子半乳糖缩合而成，是奶类食品中糖类营养素存在的主要形式。多糖包括淀粉、糊精、糖原，是由 3 个以上数量不等的葡萄糖分子缩合而成，其中淀粉是存在于粮谷类、豆类、硬果类、薯类等植物食品中的主要糖类营养素，是人类食物中糖类的主要来源，淀粉在消化道内被消化成葡萄糖而吸收入血，血中的葡萄糖即血糖；糊精是淀粉分解产生的中间产物，以糯米中含量较丰；糖原则仅存于动物肝脏等组织中，又称动物淀粉，但因含量甚微，不是人类获取糖类的主要来源。

糖类是人类机体正常生理活动、生长发育和体力活动时的主要热能来源，尤其是神经系统、心脏的主要能源以及肌肉活动的燃料。若糖类摄入不足，血糖就会下降，可出现低血糖综合征，轻则会降低工作效率，重则会影响脑组织的功能活动，因能源严重不足发生虚脱、惊厥甚至昏迷。同时糖类也是构成细胞组织的重要成分，如细胞膜中的糖蛋白、结缔组织中的糖蛋白、神经组织中的糖脂都含有糖类成分。足够的糖类供给还可节约体内蛋白质消耗；减少脂肪过度分解中不完全代谢产物酮体的积蓄，从而防止酸中毒；还有保肝解毒作用。

糖类营养素主要食物来源是粮谷类、薯类食品，少量来自食用糖及蔬菜，水果中也含有少量单糖。糖类营养素供给量依工作性质和劳动强度而定，根据我国人民的饮食习惯，以占总热量的 60% ~ 70% 为宜，一般成人每日每千克体重需糖 4 ~ 6 克，若活动强度加大，则糖的供给量需增加。

有些人有嗜糖的习惯，或者饭量大的习惯，这是需要加以限制的。因为吃糖过多，不仅容易肥胖，而且步入中年后胰腺功能减退，如食含糖食物过多，就会增加胰腺的负担，易引起糖尿病。因此，除日常供应的糖类外，不宜额外多吃甜食。在限制糖类摄入、自感食量不足时，可增加含糖量少、含纤维素多的水果、蔬菜，这些食物还可促进肠道蠕动和胆固醇的清除。在患消化性疾病时如进甜食，会促进胃酸分泌，使病情加重。

合理摄入脂类

脂类是脂肪和类脂的总称。脂肪学名"三酰甘油"，是碳、氢、氧三种元素组成的有机化合物，由二分子甘油和三分子脂肪酸构成。类脂包括磷脂、类固醇、萜类、糖脂等。类脂是构成机体组织较稳定的脂类，受食物脂肪影响较小，故从营养角度出发，脂肪是须在膳食中经常予以重视的脂类营养素。

食物中的脂肪通过消化道消化液的作用，以甘油和脂肪酸的形式被人体吸收加以利用。组成脂肪的脂肪酸按其化学结构中是否含有不饱和键可分为两种形式：饱和脂肪酸和不饱和脂肪酸。不饱和脂肪酸又分为单不饱和脂肪酸（含一个烯键）和多不饱和脂肪酸（含二个以上烯键）。饱和脂肪酸一般熔点较高，在室温下往往呈固态，多以脂的形式存在，如牛油、猪油等动物脂肪，这类脂肪摄入过多会导致血脂升高、动脉粥样硬化，诱发冠心病、心肌梗死、脑血管意外等疾病。不饱和脂肪酸尤其是多不饱和脂肪酸通常熔点较低，室温下多呈液态，往往以油的形式存在，如豆油、花生油、芝麻油等大多数植物油，摄入适量的多不饱和脂肪酸有助于降低饱和脂肪酸的升血脂作用及预防相关疾病的发生。所以就营养价值而言，多不饱和脂肪酸相对优于饱和脂肪酸。在诸种多不饱和脂肪酸中，有一种被称作亚油酸的含有十八个碳原子、两个烯键的不饱和脂肪酸，在机体里是构成组织细胞的重要物质，参与磷脂合成，与胆固醇运输及代谢有关，一旦饮食供给不足会导致细胞膜正常功能障碍，胆固醇正常代谢受阻，易诱发动脉粥样硬化，还可使精细胞生成发生障碍导致不育。由于亚油酸为机体生理所需要，具有重要生理功能，且不能在体内合成，必须由食物提供，故被称为必需脂肪酸。还有几种多不饱和脂肪酸，如亚麻酸(十八碳三烯酸)、花生四烯酸(二十碳四烯酸)也具有必需脂肪酸的活性，但它们可由亚油酸合成。

　　脂类是机体组织细胞的重要组成成分，磷脂、固醇等类脂因在体内相当稳定，不受营养状况和机体活动的影响，是存在于细胞膜、神经组织等中的定脂。而由膳食提供的最重要脂类是脂肪，其生理作用是在体内作为一种高能量的热能营养素，是必需脂肪酸的来源，能促进脂溶性维生素的吸收，同时高脂肪饮食能延长胃排空时间，增加饱腹感，在烹调过程中油脂能增进膳食的色、香、味，促进食欲。

　　膳食脂肪主要来自动物脂肪及油料作物和烹调用油。膳食脂肪摄入通常应遵循如下原则：

①在我国，膳食脂肪摄入总量，由脂肪提供的热能占每日摄入热能总量的比例决定，成人为 20% ~ 25%，儿童、青少年为 25% ~ 30%，婴幼儿为 40% 左右。脂肪摄入过多往往会引发与高血压、冠心病及乳腺癌等疾病。

②在适度摄入脂肪的前提下尽量减少含饱和脂肪酸较高的动物性脂肪摄入，提倡以植物油做烹调用油。豆油、花生油、葵花子油等植物烹调用油富含多不饱和脂肪酸，尤其亚油酸、维生素 E 含量高。但植物油用量也不是多多益善，过多摄入会促进衰老、易诱发直肠癌等。

水的重要性

水是人体的重要组成部分，也是新陈代谢的必要媒介。人体每天消耗的水分中，约有一半需要直接喝水来补充，其他部分从饭食中获得，少部分由体内的糖类分解而来。成人每天需要补充水分 1200 毫升左右。

水不仅是构成身体的主要成分，而且还有许多生理功能。

水的溶解力很强，许多物质都能溶于水，并分解成离子状态，发挥重要的作用。不溶于水的蛋白质和脂肪可悬浮在水中形成胶体或乳液，便于消化、吸收和利用。水在人体内直接参加氧化还原反应，促进各种生理活动和生化反应的进行。没有水就无法维持血液循环、呼吸、消化、吸收、分泌、排泄等生理活动。

水的比热大，可以调节体温，保持恒定。当外界温度高或体内产热多时，水的蒸发及出汗可帮助散热。天气冷时，由于水储备热量的潜力很大，人的体温不会因外界寒冷而降低。

水的流动性大，一方面可以运送氧气、营养物质、激素等，一方而又可通过大便、小便、出汗把代谢产物及有毒物质排泄掉。水还是体内自备的润滑剂，如皮肤的滋润及眼泪、唾液、关节囊和浆膜腔液都是相应器官的润滑剂。

合理分配一日三餐

教师在饮食的安排上首先要注意三餐的合理分配，要适应其身体状况和工作需要。一般情况下提倡"早饭要吃饱、午饭要吃好、晚饭要吃少"。

在三餐的饮食分配比例上，一般以早餐摄入量占全天摄入食物总量的30%、午餐40%、晚餐30%为宜。这里值得注意的是早、晚两餐。由于上午是学习、工作的重要时间，上午的精神状态、体力情况与学习、工作效率密切相关，所以在一日三餐的安排上强调早饭要吃饱是很有道理的。教师们的早饭不仅要吃饱，而且要吃好，要讲究饮食质量，要保证有一定量的牛奶、豆浆或鸡蛋等优质蛋白质的摄入。蛋白质的摄入既能补充脑细胞在蛋白质代谢上的需要，也能增强大脑皮质的兴奋度。

至于晚餐，俗话说"晚饭少一口，活到九十九"，同样也是有一定科学道理的。由于晚饭后至次日清晨的大部时间是在床上度过的，机体的热能消耗并不大，如果晚餐的热量摄入太多，多余的热量势必要转化成脂肪贮存在体内，天长日久就会导致肥胖而有害于人体健康。所以晚餐应该少吃一些，要少吃高热量的食物，如米饭、面食及油脂性食物，多吃蔬菜、水果，保证机体有充分的维生素和无机盐的摄入，对控制体重及保持头脑的清醒、思考敏捷是大有裨益的。

咸淡适中、粗细搭配

对于教师的饮食，粗粮和细粮搭配十分重要，因为粗粮可以提供细粮所缺乏的营养成分。各种杂粮各有长处，如小麦含钙高；小米中的铁和 B 族维生素含量较高；糯米、玉米、绿豆中的营养成分也各有千秋。各种杂粮经常调换搭配，能使获得的营养更全面，而且还能预防肥胖。一般情况下，一天宜吃一顿粗粮、两顿细粮。粗粮和细粮给人体提供的能量是不完全一样的，单纯只吃粗粮或只吃细粮都不合适。宜选用易于消化吸收的粗粮，如玉米、小米、全麦粉等。细粮可选用白面、大米。但主食总量应适当控制，一般控制在 250 ~ 400 克即可，具体视自身的身体状况和体力劳动强度而定。

饮食酸碱要平衡

我们平时所吃的食物都有酸碱之分。根据食物本身所含的各种矿物质成分的种类和多少，人们将这些食物分为碱性食物、酸性食物和中性食物。下面，我们

就来看一下酸性食物、碱性食物、中性食物具体都包括哪些食物。

碱性食物中含有一定量的矿物质钾、镁、钙、铁、钠等，它们所代谢出来的产物呈碱性。碱性食物的代表食物主要有各类粗粮、蔬菜、水果、乳类、菌类、海藻类等。

酸性食物中含有磷、氯、硫等，它们所代谢出来的产物呈酸性。代表食物有肉类、鱼类、蛋类、动物脂肪和植物油、甜食、油炸食品等。

中性食物有盐和咖啡等。

在日常生活中，判断身体酸碱失衡最简单的方法就是观察胃酸量。胃酸分泌过多，说明需要补充碱性食物，如各类粗粮、蔬菜、牛奶等；胃酸分泌过少，说明需要补充酸性食物，如肉汤、鸡汤、带酸味的水果或果汁，以刺激胃酸分泌，帮助消化。

身体酸碱平衡关系到人们的胃肠道健康，要学会利用食物来中和体内的酸碱度，使肠胃正常运作。

适量补充维生素

①**维生素 C**。维生素 C 对于保护肝脏，预防胃癌、食管癌有积极作用。维生素 C 还能促进胆固醇代谢，影响高密度脂蛋白含量，可将胆固醇带回胆囊转变成胆酸，经由肠道排出，从而降低总胆固醇，降低胆固醇合成的速率。高浓度的维生素 C 能抑制胆固醇合成酶的活化，干扰胆固醇合成的速率，并能加速低密度脂蛋白降解，从降低三酰甘油酯的含量，从而达到降脂减肥的效果，对中青年教师来说大有裨益。维生素 C 的主要食物来源为新鲜水果、蔬菜，如鲜枣、梨、草莓、山楂、土豆、西红柿、荔枝、柑橘、桂圆等。每日建议摄取量为 100 克；孕妇怀孕早期应摄取 100 克，孕中、晚期应摄取 130 克。

②**维生素 D**。骨质疏松是中老年人常见疾病，特别是那些缺乏运动锻炼，终日限于办公室中的教师更是多见。过去，许多人只是强调补钙对于预防骨质疏松的重要性，忽视维生素 D 的作用，结果钙吸收并不尽如人意。维生素 D 可促进钙盐的更新及新骨生成，也促进磷吸收与肾小管细胞对钙、磷的重吸收，故可提高血钙、血磷浓度，有利于新骨生成和钙化。缺乏维生素 D 的儿童可患佝偻病，成

人易患骨质软化症。维生素 D 的食物来源以含脂肪高的海鱼、动物肝、蛋黄、奶油相对较多，鱼肝油中含量高。

③**维生素 E。**维生素 E 能促进胆固醇代谢，稳定血脂。维生素 E 可促进脂质分解、代谢的活性，有助于胆固醇的转运与排泄，使血脂稳定，能够净化血液，降低血液中的低密度脂蛋白的浓度，防止血管硬化，同时还能对抗脂质氧化，预防动脉硬化。维生素 E 可加强抗氧化能力，减少巨噬细胞的产生。巨噬细胞正是形成斑块及造成血管硬化、病变的元凶。

维生素 E 还能抗衰老、防癌症、抗凝血，保护血管内皮细胞。维生素 E 具有扩张血管及抗凝血作用，可防止血液凝固，同时保护血管内皮细胞的完整性，避免游离脂肪及胆固醇在伤口沉积，同样具有预防动脉粥状硬化形成的作用。维生素 E 的主要食物来源为未精制过的植物油、小麦胚芽、胚芽米、鲜酵母、蛋黄、肉、奶、蛋、绿色蔬菜、坚果、干果。成年男性每日建议摄取量为 12 毫克，成年女性为 10 毫克。

④**维生素 B_2。**维生素 B_2 素有"皮肤的维生素"之称，参与机体内生物氧化与功能代谢过程，与热能代谢直接相关，可有效促进脂肪代谢，促进身体功能及细胞的新生，使皮肤黏膜及毛发健康生长，因此可解决面疱、粉刺等问题。维生素 B_2 的主要食物来源为绿色蔬菜、五谷杂粮、牛奶及乳制品、动物肝脏、坚果、豆类、酵母、鳝鱼、麦片、香菇、猪腰、蛋等。每日建议摄取量约 1.6 毫克。

⑤**β-胡萝卜素。**β-胡萝卜素可护肝、护眼、预防低密度脂蛋白氧化。β-胡萝卜素可抑制动脉中的低密度脂蛋白受到自由基攻击，产生氧化而沉积在血管中，造成动脉狭窄。β-胡萝卜素的高抗氧功效，可帮助血管内皮组织的修复，使脂质不易附着及渗入，避免斑块及血管病变的产生。β-胡萝卜素的主要食物来源为红薯、香瓜、南瓜、胡萝卜、绿色蔬菜。每日建议摄取量为 6 毫克。

⑥**烟碱酸。**烟碱酸能协助人体主要的 6 种激素的合成，协助神经系统运作，促进脂蛋白的代谢，减少低密度脂蛋白的同时增加高密度脂蛋白，能够降低胆固醇及三酰甘油，促进血液循环，使血压下降，保护心脑血管，同时维护消化系统的健康，减轻胃肠障碍，使人体能够充分地利用食物来增加能量。烟碱酸的主要食物来源为动物肝脏、瘦肉、全麦食物、啤酒、干酵母、口蘑、香菇、干果、核桃、

梅子、酵母、猪腰、小麦胚芽、鱼等。每日建议摄取量为 10 ~ 15 毫克。

当然，维生素也并非多多益善，应根据具体情况具体对待。例如饮食中新鲜蔬菜水果丰富者，可不必另外摄取维生素 C；如室外体力劳动者经常晒太阳，可由皮肤转化形成丰富的维生素 D，也就不必再额外补充。另外，维生素 C、维生素 E 尽管抗氧化作用好，也不宜高浓度超量服用，不然会影响健康。

矿物质要均衡

①**钙**。大家都知道补钙很重要。人到中年以后，体内容易发生钙质代谢障碍，这种代谢平衡的紊乱，可导致骨质疏松症，因而对外来的抵抗力减弱，容易发生骨折。教师群体由于长期坐办公室，缺少日照，容易发生下肢酸痛、乏力，进而发展至全身骨痛、腰背痛等。因此，除从食物中补充一定数量的钙和维生素 D 外，还应多进行户外活动，多晒太阳。应选择富含维生素 D 的食物，如鱼肝油、动物肝脏、蛋黄等。教师补充钙质，除能增强体质、防治骨软化症和骨质疏松外，在防治其他疾病方面也有实际意义。美国一位心血管专家说：世界上已有多次研究证实，钙的降血压作用明显，可用来防治高血压，对于边缘高血压更有裨益。每天摄入 1000 毫克的钙，可使女性的舒张压下降约 6%，男子下降约 9%，并能预防动脉硬化和其他疾病。钙离子还可维持神经、肌肉的兴奋性。血钙过低可使神经、肌肉的兴奋性增

高，神经细胞过度敏感，使人容易冲动。因此，缺钙者难制怒。正处于更年期的中年人，受体内激素影响，情绪不稳定，若体内钙不足会加重情绪波动，增加精神痛苦。所以，人到中年以后需多摄入含钙丰富及易于吸收的食物。这类食物有乳类、豆类、水果及蔬菜、海带、紫菜、虾皮、芝麻酱等。

②铬。现代医学认为，成年人每天至少需要摄入 50 微克铬，运动爱好者需增至 100 ~ 200 微克。人们每天从一般食物中所获得的铬，是不能满足人体需要的。为了及时对身体内所需要的铬进行补充，应该注意对含铬食物的摄入。一方面不要吃过度精细的食物，因为谷物中所含有的人体必需的微量元素主要分布在麸皮里，谷物被加工得越细，其制成品的微量元素损失得就越多。另一方面，要注意多吃一些含铬量较多的食物。麦芽、动物肝脏、酿酒酵母、啤酒、水生贝壳类、奶、蛋、牛肉、蘑菇、葡萄（享有"铬库"之称）、红糖（铬含量为白糖的6 倍）、胚芽米（铬含量是大米的 10 倍）、带麸面粉、粗粮等含铬量较高，而家禽、鱼类含铬则甚微。按每 100 克食物计算，麦芽含铬量高居榜首（130 微克），

其余依次为猪肝（60微克）、全麦面包（49微克）、牛肉（30微克）、蛋黄（30微克）、蔬果（27微克）、酵母（5微克）、全奶（4微克）等。另外，某些中草药含铬量也颇多，如人参、灵芝、黄芪、首乌等。

③硼。医学研究表明，进入中年期的女性应多吃含硼食物，有利于身体吸收矿物质，保护骨骼。人过40岁后，骨的生成减少，吸收增多，骨皮质变薄，髓腔增宽。这时的骨头犹如鸡蛋，骨皮质薄似蛋壳，充满髓腔的脂肪和少量的骨小梁如蛋清，脆弱易碎。国外营养学家发现，40岁以上的人几乎都有骨质减少现象，尤以女性为甚。调查显示，45岁以上者中，29%的女性患有骨质疏松症，而男子只有18%患此症。骨骼是由钙和磷混合构成，如果饮食中缺少含硼的食物，钙就会大量消耗，特别是骨质中钙的排出增多，吸收减少，人体一旦出现缺钙就容易患软骨症。虽然硼在人体内的含量极少，但其生理作用却不容忽视。中年教师要注意选择含硼的食物，平时应多注意水果的摄入，苹果、雪梨含硼量最丰富。其次，蔬菜中的萝卜缨及萝卜、雪里蕻、油菜、香菜等的含硼量也很丰富。其他含硼比较丰富的食物还有核桃、豆类及豆制品、花生、牛奶、鸡蛋、海带等。但需要注意的是，如果光吃含硼的药物，而不吃含硼的食物，仍会损伤骨气。若摄入了含硼足够的食物后，则不宜吃含硼的药物。

膳食纤维很重要

膳食纤维进入胃中体积会膨胀，易令人产生饱足感，且可使食物停留在胃部时间增长，并减缓消化作用。

膳食纤维进入肠道中，可增加粪便量，估计1克纤维可增加粪便容积约20倍，因而能刺激大肠壁肌肉蠕动。因其具保水作用，可使粪便湿润柔软，迅速排出体外，减缓葡萄糖与胆固醇的吸收。膳食纤维还可吸附胆酸，促进胆盐排泄，纤维质可与人体内的胆酸及胆盐结合，加速将其排出体外，降低血液中胆固醇含量，并在十二指肠中延缓胆酸和脂肪的结合，干扰胆固醇被人体吸收。膳食纤维的主要食物来源为木耳、新鲜蔬果、五谷。建议每日摄取膳食纤维25～35克。

2. 四季饮食调理

《黄帝内经》云："人以天地之气生，四时之法成。"可见，人体健康与四季气候变化息息相关。教师养生在膳食上也应顺应春、夏、秋、冬四个季节的阴阳变化规律，才能使气血阴阳平和，健康相伴。

春——春季饮食宜"升"补

春天气温逐渐回升，万物生发，阴消阳长，人体阳气与自然界相应，向上向外流发，各种生理功能逐渐活跃，新陈代谢也日趋旺盛。在春天温暖的气候里，人的活动量日渐增加，血液循环相应加快，人体的皮肤腠理由致密开始变得疏松，气血渐渐趋于体表，就像大自然的冰冻融化，河道通畅，树木新生、抽枝发芽一样。但是春季气候多变，气温时高时低，暖和时，人体气血趋于体表，而寒冷时，又流回内脏。春季气血运行的波动较大，机体要适应由寒转暖的变化，频繁调节，所以，阴阳也处于不稳定的状态，如果调适不当，就容易生病。

春季正是肝气升发的时候，为了让身体像大自然一样绽放出生机，春季的饮食要顺应阳气升发向上、万物始生的特点，所以选择药膳宜清轻升发，温养阳气，着眼于一个"升"字。此时的饮食宜减咸酸，增辛辣，助肾补肺，安养胃气，顺养肝气。另外，还可选择一些药膳以进行食补，其原则是升发阳气。

春季饮食要讲究"三优"。一优在热量较高的食物，平时可选食谷类、芝麻、花生、核桃和黄豆等，以补充冬季的热量消耗以及提供春季活动所需的热量。二优在蛋白质丰富的食物，如鱼肉、畜肉、鸡肉、奶类和豆制品，这些食物有利于在气候多变的春季增强机体抗病能力。三优在维生素和无机盐含量较多的食物，维生素含量多的食物有西红柿、韭菜、芹菜、苋菜等，而海带等海产品，黄、红色水果中含无机盐比较多。

根据春温阳气生发、肠胃积滞较重、肝火易旺、心情易烦躁抑郁、春季瘟疫易流行的季节特点以及人体阴阳气血的变化，教师养生应从护肝为先、疏肝去烦、调补气血、调和脾胃、祛邪化湿、清热泻火等方面着手，逐步调整饮食结构，减少高脂肪饮食，增加植物性食物，注意摄入水果和蔬菜。饮食应以辛温、甘甜、清淡为主，可使人体抗拒风寒、风湿之邪的侵袭，健脾益气，增强体质，减少患病。

夏——夏季饮食宜"清"补

夏季天气炎热，肌肤腠理开泄，毛孔张开，汗液排泄增多，导致体内正气消耗得多，同时由于昼长夜短、睡眠不足等原因，到了夏天，人们的体质往往都会有所下降，常使人有"无病三分虚"的感觉。因此，中医养生学提出了"清补"的理论。所谓清补，即选用一些性寒味酸、补心养肺的中药或食物来补充人体的营养及消耗的体力，从而达到增强体质的目的。

夏季气温逐渐升高，并且达到一年中的最高峰，人体的阳气在这个时候也较为旺盛，人们要晚睡早起，多去户外活动，使体内阳气能够向外宣通开发，这就是适应夏季保护长养之气的道理。由于天气炎热，人体阳气旺盛，也容易导致体内心火过旺，容易出现心烦气躁、食欲不振等现象，因此饮食宜清淡，尽量少吃油腻食物；夏季汗出较多，耗气伤阴，应该多吃清凉可口、容易消化的食物，多喝粥。而在菜肴的搭配时，要以素为主，以荤为辅，宜选择新鲜、清淡的各种时令蔬菜。除了蔬菜，夏季也是水果当道的季节。水果不仅可以直接生吃，还能用

来做各种饮品，既美味，又解暑。

此外，在夏季要抓住治冬病的好时机。许多冬季常发生的疾病或因体质阳虚而发生的病症，可通过在夏天增强人体抵抗力，降低发病概率。冬病夏治是抓住了夏季阳气最盛、冬季阴盛阳衰的特点。久咳、哮喘、痹证、泄泻等疾病用冬病夏治的方法治疗效果较好，常用的方法有针灸和进补。

根据夏季的季节特点，教师养生应从滋养心阴、养心安神、敛汗固表、防暑避邪、发汗泻火、运脾化湿等方面着手，逐步调整饮食结构，减少高脂肪、高热量膳食，增加饮水量，多摄入水果和蔬菜。饮食应以寒凉、清淡、甘润为主，可使人体预防暑热、暑湿邪气的侵袭，并健脾益胃，加强食欲，增强体质，减少患病。

秋——秋季饮食宜"平"补

秋季的气候特点主要是干燥，人们常以"秋高气爽""风干物燥"来形容它。秋季是一个金风送爽、气候宜人的季节，这是因为人们刚刚度过了炎热的盛夏，每当凉风吹来的时候，不觉为之头脑清醒，精神振奋，行动潇洒。但由于秋天气候不断收敛，空气中缺乏水分的濡润而成为肃杀的季节，这时候人们常常会觉得口鼻干燥、渴饮不止、皮肤干燥，甚至大便干结等。所以，人们常把初秋的燥气比喻为"秋老虎"，其意思是指燥气易伤人。

由于夏季的烘烤耗尽了人体预存的能量，加上秋季天气干燥阴冷，人体内的水分相对减少，若摄水量太少，会有损体内的"阴分"，若不注意调节，可能会引起心血管、肠胃消化系统疾病。

秋天阳气渐收，阴气逐渐生长起来，万物收，到了收获之时。从秋季的气候特点来看，是由热转寒，即"阳消阴长"的过渡阶段。人体的生理活动，随"夏长"到"秋收"，而相应改变。因此，秋季养生不能离开"收养"这一原则。也就是说，秋天养生一定要把保养体内的阴气作为首要任务，因此宜采取平补与润补相结合的方法，即用甘平和缓、滋润的补益方药进补，以达到保健养生、治疗体虚久病等目的。滋阴润燥要多食用芝麻、蜂蜜、水果等柔软、含水分较多的甘润食物。此外，可以多食白萝卜、胡萝卜、豆腐、甘蔗、柿子、香蕉、橄榄、菠萝等。还可多吃些有清热作用的食物，如野菊花、梨、甘蔗、蜂蜜、银耳等。

根据秋季的季节特点，教师养生应从滋阴润燥、养肺固表、益肾敛精、疏肝和胃等方面着手，逐步调整饮食结构，进补前先调理脾胃，滋阴润燥的食物要适当进补，适当饮水，多摄入五谷杂粮、水果和蔬菜。饮食应以滋阴润燥、补肝清肺为主，以甘润为主，寒凉调配为要，既可护脾胃，还可蓄积阳气，增强体质，减少患病。

冬——冬季饮食宜"温"补

冬天的三个月，是生机潜伏、万物蛰藏的时令。这段时间，水寒成冰，大地龟裂，人应该早睡晚起，待到日光照耀时起床才好，不要轻易扰动阳气，妄事操劳，要使神志深藏于内，安静自若。要守避寒冷，求取温暖，不要使皮肤开泄而令阳气不断地损失，这是适应冬季的气候而保养人体避藏功能的方法。

按照祖国传统医学的理论，冬季是匿藏精气的时节。《黄帝内经》中说："冬三月，此谓闭藏""早卧晚起，必待日光"。也就是说，从自然界万物生长规律来看，冬季是一年中闭藏的季节，人体新陈代谢相对缓慢，阴精阳气均处于藏伏之中，机体表现为"内动外静"的状态，此时应注意保存阳气，养精蓄锐。尤其是很多中老年教师一般气血虚衰，冬季的起居更应早睡晚起，避寒就暖。

冬季天气寒冷，寒邪易伤肾阳，中医养生学认为，冬季适宜温补。在冬天，根据体质和疾病的需要，有选择性地食用温性药材和食物，可以提高人体的免疫功能，改善畏寒的现象，还能有效地调节体内的物质代谢，最大限度地把能量贮存于体内。饮食应该以补阳为主，多吃些能增强机体御寒能力的食物，如羊肉、狗肉、牛肉、鹿肉、荔枝、海带、牡蛎等，还应多吃些富含糖类、蛋白质、脂肪、维生素和无机盐的食物，如海产品、鱼肉、禽肉等。散寒助阳的温性食物往往含热量偏高，食用后体内容易积热，常吃会导致肺火旺盛、口干舌燥等。中医认为，可选择一些甘寒食品来压住燥气，如兔肉、鸭肉、鸡肉、鸡蛋、海带、芝麻、银耳、莲子、百合、白萝卜、白菜、芹菜、菠菜、冬笋、香蕉、梨、苹果等。

根据冬季的气候特点，教师养生应从养肾藏精、补虚壮阳、宣肺散寒、濡养脾胃、祛瘀护心、温经通脉等方面着手，逐步调整饮食结构，以温补助阳为主，提高耐寒能力，建议进食高蛋白、高热量、高维生素 C 的食物。但有心脑血管疾病的教师进补要适当，以清淡、高蛋白、高维生素、低脂肪为主。适当饮水，多摄入五谷杂粮、水果和蔬菜。

3. 五脏饮食调养

《黄帝内经》中的五行学说把自然界的五色，即"绿""红""黄""白""黑"分别对应不同的脏腑，各有不同的作用。自然界中不同颜色的食物，其养生保健的功效不尽相同。红色养心、绿色护肝、黄色健脾胃、白色润肺、黑色固肾。而酸、甘、苦、辛、咸，这五种味道也与五脏息息相关。中医讲，五味调五脏，苦味入心、酸味入肝、甘味入脾、辛味入肺、咸味入肾。

心——红色养心，苦味入心

红色养心：红色食品是指外表呈红色的果蔬和"红肉"类。红色果蔬包括红辣椒、西红柿、红枣、山楂、草莓、苹果等，红色果蔬含有糖和多种维生素，尤其富含维生素C。"红肉"指牛肉、猪肉、羊肉及其制品。现代医学发现，红色食物中富含番茄红素、胡萝卜素、氨基酸及铁、锌、钙等营养物质，能提高人体免疫力，有抗自由基、抑制癌细胞的作用。

按照中医五行学说，红色为火、为阳，故红色食物进入人体后可入心、入血，大多具有益气补血和促进血液、淋巴液生成的作用。研究表明，红色食物一般具有极强的抗氧化性，它们富含番茄红素、丹宁酸等，可以保护细胞，具有抗炎作用，如辣椒等可促进血液循环、缓解疲劳、驱除寒意，给人以兴奋感；红色药材如枸杞子对头晕耳鸣、精神恍惚、心悸、健忘、失眠、视力减退、贫血、须发早白、消渴等多有裨益。此外，红色食物还能为人体提供丰富的优质蛋白质和无机盐、维生素，能增强人的心脏和气血功能。因此，经常食用一些红色果蔬，对增强心脑血管活力、提高淋巴免疫功能颇有益处。代表药材和食材：红枣、枸杞子、牛肉、猪肉、羊肉、红豆、草莓、西瓜等。

苦味入心：苦味食品可燥湿、清热解毒、泻火通便、利尿。苦味食品还有很强

的抗癌作用。苦味食品含有的某种氨基酸可促进胃酸分泌，增加食欲。此外，苦味食品中含有的茶碱和咖啡因，食用后能醒脑，消除大脑疲劳，恢复精力。苦味食品中的生物碱还有消炎退热、促进血液循环等作用。苦味药材和食材有清热、泻火、除燥湿和利尿的作用，与心对应，可增强心的功能，多用于治疗热证、湿证等病症，但食用过量，也会导致消化不良。代表药材和食材：绞股蓝、白芍、骨碎补、槐米、决明子、柴胡、苦瓜、茶叶、青果等。

肝——绿色护肝，酸味入肝

绿色护肝：绿色食物富含膳食纤维，可以清理肠胃，保持肠道正常菌群繁殖，改善消化系统，促进胃肠蠕动，保持大便通畅，有效减少直肠癌的发生。绿色药材和食物是人体的"清道夫"，其所含的各种维生素和矿物质，能帮助体内毒素的排出，更好地保护肝脏，还可明目，对教师群体眼干、眼痛，视力减退等症状有很好的食疗功效，如桑叶、菠菜等。

中医认为，绿色（含青色和蓝色）入肝，绿色食物具有舒肝、强肝的功能，是人体良好的"排毒剂"。另外，五行中青绿克黄（木克土，肝制脾），所以绿色食物还能起到调节脾胃、促进消化吸收的作用。绿色蔬菜含有丰富的叶酸成分，

而叶酸已被证实是人体新陈代谢过程中最为重要的维生素之一，可有效消除血液中过多的同型半胱氨酸，从而保护心脏的健康。绿色食物还是钙元素的最佳来源，对于正处在生长发育期或患有骨质疏松症的人来说，常食绿色蔬菜无疑是补钙佳品。代表药材和食材：桑叶、枸杞叶、夏枯草、菠菜、苦瓜、绿豆、芹菜、油菜等。

酸味入肝：适当吃酸食可促进食欲，有健脾开胃的功效，可增强肝脏功能，提高钙、磷元素的吸收。此外，酸味食品可促进血液循环，调节新陈代谢，防止动脉硬化、高血压病的发生，还能治疗食积、消化不良、腹泻等疾病。酸味在烹调中能提味增鲜，并有爽口、解腻、去腥、助消化及消毒的作用。

酸味药材和食物对应肝脏，大体都有收敛固涩的作用，可以增强肝脏的功能，常用于盗汗、自汗、泄泻、遗尿、遗精等虚证，如五味子，可止汗止泻、缩尿固精。食用酸味还可开胃健脾、增进食欲、消食化积，如山楂。酸性食物还能杀死肠道致病菌，但不能食用过多，否则会引起消化功能紊乱，引起胃痛等。代表药材和食材：五味子、浮小麦、吴茱萸、马齿苋、佛手、石榴皮、山楂、乌梅、荔枝、葡萄、橄榄、枇杷等。

脾——黄色健脾，甘味入脾

黄色健脾：现代医学发现，黄色食物中富含维生素C，可以抗氧化、提高人体免疫力，同时也可延缓皮肤衰老、维护皮肤健康。黄色蔬果中的维生素D可促进钙、磷的吸收，有效预防中老年骨质疏松症。黄色药材如黄芪是民间常用的补气食物，气虚体质的教师适宜食用。

五行中黄色为土，因此，摄入黄色食物后，其营养物质主要集中在中医所说的中土（脾胃）区域。以黄色为基础的食物如南瓜、玉米、花生、大豆、土豆、杏等，可提供优质蛋白质、脂肪、维生素和微量元素等，常食对脾胃大有裨益。此外，在黄色食物中，维生素A、维生素D的含量比较丰富。维生素A能保护肠道、呼吸道黏膜，可以减少胃炎、胃溃疡等疾病发生；维生素D有促进钙、磷元素吸收的作用，进而起到壮骨强筋之功，青年人不妨多食用。代表药材和食材：黄芪、玉米、黄豆、柠檬、木瓜、柑橘、香蕉、蛋黄等。

甘味入脾：中医认为，甜味入脾，有补养气血、健脾、补虚扶正的作用。在饮食中，甜味可以起到去苦、去腥、矫味的作用。

甘味药材和食材有补益、和中、缓急的作用，可以补充气血、缓解肌肉紧张和疲劳，也能中和毒性，有解毒的作用，多用于滋补强壮、缓解因风寒引起的痉挛、抽搐、疼痛，适用于虚证、痛证。甘味对应脾，可以增强脾的功能。但食用过多会引起血糖升高、胆固醇增加，导致糖尿病等。代表药材和食材：丹参、锁阳、沙参、黄精、百合、地黄、莲藕、茄子、萝卜、丝瓜、牛肉、羊肉等。

肺——白色润肺，辛味入肺

白色润肺：白色食物中的米、面富含糖类，是人体维持正常生命活动不可或缺的能量之源；白色蔬果富含膳食纤维，能够滋润肺部，提高免疫力；白肉富含优质蛋白质；豆腐、牛奶富含钙质；白果有滋养、固肾、补肺之功，适宜肺虚咳嗽、哮喘的患者食用；百合有补肺润肺的功效，肺虚干咳久咳，或痰中带血的中老年教师，非常适宜食用。

白色在五行中属金，入肺，偏重于益气行气。大多数白色食物，如牛奶、大米、面粉和鸡鱼类等，蛋白质成分都比较丰富，经常食用既能消除身体的疲劳，又可促进疾病的治疗。此外，白色食物还是一类安全性相对较高的食物，因为它的脂肪含量要较红色食物低得多，十分符合科学的饮食方式，特别是高血压、心脏病、高脂血症、脂肪肝患者，食用白色食物会更好。代表药材和食材：百合、白果、银耳、杏仁、莲子、白萝卜、豆腐、牛奶等。

辛味入肺：辛味食品可发散、行气、活血，能刺激胃肠蠕动、增加消化液的分泌。辛味食品中的辣椒素能刺激机体，加快新陈代谢，具有减肥作用。辣味食品能促进血液循环，增加血管弹性，减低血管硬化的概率，有助于预防心血管疾病。

辛味药材和食材有宣发、行血气、通血脉的作用，可以促进肠胃蠕动，促进血液循环，适用于表证、气血阻滞或风寒湿邪等病症。但过量食用会使肺气过盛，痔疮、便秘的老年人要少吃。代表药材和食材：红花、川芎、紫苏、藿香、益智仁、肉桂、葱、大蒜、洋葱、辣椒、花椒、韭菜等。

肾——黑色固肾，咸味入肾

黑色固肾：黑色食品含有多种氨基酸及丰富的微量元素、维生素和亚油酸等营养素，可以养血补肾，有效改善虚弱体质，同时还能提高机体的自愈能力。而其富含的黑色素类物质可清除体内自由基，富含的抗氧化成分能促进血液循环、延缓衰老，对教师有很好的保健作用。

五行中黑色主水，入肾，因此，常食黑色食物更益肾。黑米、黑芝麻、黑豆、黑木耳、海带、紫菜的营养保健和药用价值都很高，它们可明显降低动脉硬化、冠心病、脑卒中等疾病的发生率，对流感、气管炎、咳嗽、慢性肝炎、肾病、贫血、脱发、早白头等均有很好的疗效。代表药材和食材：何首乌、黑枣、木耳、黑芝麻、黑豆、黑米、紫菜、乌鸡等。

咸味入肾：咸味食品能软坚润下，有调节人体细胞和血液渗透压平衡的作用，在呕吐、腹泻及大汗后，补充适量淡盐水，可防止体内电解质失衡。由氯化钠等成分组成的食盐、酱油是常用的咸味剂。盐能杀菌、防腐，能维持人体的新陈代谢。但患心脏病、肾脏病、高血压的中老年人不能多吃。

咸味药材和食材有通便补肾、补益阴血、软化体内酸性肿块的作用，常用于治疗热结便秘等症。代表药材和食材：鹿茸、海带、海藻、海参、蛤蜊、盐等。

4. 教师应该常吃的食物

白菜

润肠通便、防癌抗癌

热量： 17千卡/100克
每日用量： 100~500克

食养功效：

　　白菜钠含量低，且含有较多的维生素C和膳食纤维，还含蛋白质、脂肪、钙、磷、铁、锌等营养成分。常食可促进肠道壁的蠕动，稀释肠道毒素，软化血管，降低血压，能预防动脉硬化、高脂血症。

　　白菜具有较高的营养价值，有"百菜不如白菜"的说法。它具有通利肠胃、清热解毒、止咳化痰、利尿养胃的功效，还能促进人体对动物蛋白质的吸收，常食可增强抗病能力，还能降低胆固醇，预防心血管疾病。

菠菜

润燥滑肠、清热除烦

热量： 24千卡/100克
每日用量： 80克

食养功效：

　　菠菜含有大量的植物粗纤维及蛋白质、脂肪、糖类、维生素、铁、钾、草酸等营养成分。菠菜提取物具有促进培养细胞增殖的作用，既抗衰老又能增强青春活力。

　　菠菜具有促进肠道蠕动的作用，利于排便，对于痔疮、慢性胰腺炎、便秘、肛裂等病症有食疗作用，能促进生长发育、增强抗病能力，促进人体新陈代谢，延缓衰老。

芹菜

清热除烦、凉血止血

热量： 11千卡/100克
每日用量： 50~100克

食养功效：

　　芹菜含有丰富的甘露醇、食物纤维、维生素A、维生素C、维生素P、钙、铁、磷等营养成分，能镇静安神、利尿消肿、平肝降压、养血补虚、清热解毒、防癌抗癌、醒酒保胃等。其含铁量较高，能补充妇女经血的损失，食之能避免皮肤苍白、干燥、面色无华，而且可使目光有神、头发黑亮。肝火过旺，皮肤粗糙及经常失眠、头疼的人，常吃些芹菜有助于清热解毒，祛病强身。

韭菜

温肾助阳、健胃益脾

热量：26千卡/100克
每日用量：50~250克

食养功效：

　　韭菜含有糖类、胡萝卜素、维生素 C、维生素 E、维生素 B_2、维生素 B_1、烟酸、膳食纤维、钙、镁、铁、锰、锌、铜、钾、磷等营养成分，能温肾助阳、益脾健胃、行气理血。

　　多吃韭菜，可养肝，增强脾胃之气。韭菜中的含硫化合物具有降血脂及扩张血脉的作用，可用于治疗心脑血管疾病和高血压。此外，这种化合物还能使黑色细胞内酪氨酸功能增强，从而改变皮肤毛囊的黑色素，消除皮肤白斑，并使头发乌黑发亮。韭菜对阳痿、早泄、遗精、多尿、腹中冷痛、胃中虚热、泄泻、白浊、经闭、白带、腰膝痛和产后出血等病症有食疗效果。

西蓝花

补肾填精、健脑壮骨

热量：33千卡/100克
每日用量：50~250克

食养功效：

　　西蓝花中含有蛋白质、糖类、脂肪、矿物质、维生素 C 和胡萝卜素等，其中矿物质有钙、磷、铁、钾、锌、锰等。

　　常食西蓝花可促进身体生长，维持牙齿及骨骼正常，保护视力，提高记忆力，增强肝脏解毒功能，增强机体免疫能力，预防感冒和维生素 C 缺乏症的发生。西蓝花抗癌效果是蔬菜中最好的，特别是胃癌，能让人体血清硒的水平明显下降。

西红柿

清热止渴、养阴凉血

热量：19千卡/100克
每日用量：50~200克

食养功效：

　　西红柿富含有机碱、番茄碱和维生素 A、B 族维生素、维生素 C 及钙、镁、钾、钠、磷、铁等矿物质。西红柿具有止血、降压、利尿、健胃消食、生津止渴、清热解毒、凉血平肝的功效，对治疗反复宫颈癌、膀胱癌、胰腺癌等有食疗效果，另外，还能美容和治愈口疮。西红柿富含番茄红素，番茄红素具有抗氧化功效。给人体补充番茄红素，可以帮助身体抵抗各种自由基引起的退化老化性疾病。

白萝卜

清热生津、消食化滞

热量：21千卡/100克
每日用量：50～250克

食养功效：

　　白萝卜含蛋白质、糖类、B族维生素和大量的维生素C，以及铁、钙、磷、膳食纤维、芥子油和淀粉酶等营养成分。白萝卜能促进新陈代谢、增强食欲、化痰清热、帮助消化、化积滞，对食积腹胀、咳痰失音、吐血、消渴、痢疾、头痛、排尿不利等症有食疗作用。常吃白萝卜可降低血脂、软化血管、稳定血压，还可预防冠心病、动脉硬化、胆石症等疾病。

胡萝卜

养肝明目、健脾和胃

热量：37千卡/100克
每日用量：50～300克

食养功效：

　　胡萝卜富含糖类、胡萝卜素、B族维生素及维生素C等营养成分，对肠胃不适、便秘、夜盲症、性功能低下、麻疹、百日咳、小儿营养不良等症状有食疗作用。

　　胡萝卜含有大量胡萝卜素，有补肝明目的作用，可治疗夜盲症；含有植物纤维，吸水性强，在肠道中体积容易膨胀；可加强肠道的蠕动，从而利膈宽肠，通便防癌。

茄子

活血化瘀、清热消肿

热量：21千卡/100克
每日用量：50～250克

食养功效：

　　茄子含有蛋白质、维生素A、B族维生素、维生素C、维生素P、糖类以及矿物质等营养成分。茄子含有黄酮类化合物，具有抗氧化功能，可防止细胞癌变，还能治疗寒热证、祛风通络、止血。茄子皮能够保护血管，常食茄子，可使血液中的胆固醇含量不致增高，因而不易患黄疸病、肝脏肿大、动脉硬化等疾病。

　　茄子还具有清热止血、消肿止痛的功效，常用于热毒痈疮、皮肤溃疡、口舌生疮、痔疮下血、便血、衄血等。

玉米

开胃利胆、通便利尿

热量: 106千卡/100克
每日用量: 1~2个

食养功效:

玉米含有蛋白质、脂肪、糖类、胡萝卜素、B族维生素、维生素E及丰富的钙、铁、铜、锌等多种矿物质。玉米有开胃益智、宁心活血、调理中气等功效,还能降低血脂,可延缓人体衰老,预防脑功能退化,增强记忆力。玉米中含有一种特殊的抗癌物质——谷胱甘肽,它进入人体内可与多种致癌物质结合,使其失去致癌性,对预防心脏病、癌症等疾病也有很大的作用。

苦瓜

清热祛暑、明目解毒

热量: 19千卡/100克
每日用量: 50~200克

食养功效:

苦瓜含有有胰岛素、蛋白质、脂肪、维生素C、粗纤维、胡萝卜素和钙、磷、铁等多种矿物质营养成分。苦瓜能除邪热、解劳乏、清心明目,夏季食用,清凉消暑,而且还能快速排除毒素,避免体内毒素的堆积。其丰富的维生素C能增强免疫力,并预防心血管疾病,加上特殊的生理活性蛋白质,能帮助皮肤新生与伤口愈合,具有护肤美容的效果。

苦瓜还含有促进胰岛素分泌的成分,有助于抑制血糖、预防糖尿病,对治疗痢疾、疮肿、热病烦渴、痱子过多、眼结膜炎、小便短赤等病也有一定的食疗效果。

丝瓜

清暑凉血、解毒通便

热量: 20千卡/100克
每日用量: 1根

食养功效:

丝瓜含有皂苷、黏液、木聚糖、脂肪、蛋白质、维生素C、B族维生素。子苗含葫芦素。种子含有脂肪油,主要是亚油酸、棕榈酸、硬脂酸、油酸等甘油酯以及磷脂。

丝瓜能抗维生素C缺乏症、健脑、抗病毒、抗过敏,对鼻窦炎、咽喉痛、风寒咳嗽、菌痢、过敏性哮喘等有一定的食疗效果。此外,其还能用于治疗身热烦渴、痰喘咳嗽、肠风痔漏、崩漏带下、血淋、痔疮痈肿等病症。

冬瓜

清热解毒、利水消肿

热量：11千卡/100克
每日用量：100~300克

食养功效：

　　冬瓜含有矿物质、维生素等营养成分。冬瓜子中含有脂肪、瓜氨酸、不饱和脂肪酸、油酸等，具有润肺生津、化痰止渴、利尿消肿、清热祛暑、解毒排脓的功效，对暑热口渴、痰热咳喘、水肿、脚气、腹部胀满、消渴、痤疮、面斑、脱肛、痔疮等有很好的食疗效果，还能解酒毒，降血糖，降血压，护肾护肝，利尿消肿。冬瓜还能减肥，所含的丙醇二酸能有效地抑制糖类转化为脂肪，加之冬瓜本身不含脂肪，热量不高，能有效预防肥胖。

南瓜

补中益气、消炎止痛

热量：22千卡/100克
每日用量：50~250克

食养功效：

　　南瓜含有蛋白质、糖类、胡萝卜素、维生素 B_1、维生素 B_2、维生素 C 和膳食纤维，以及钾、磷、钙、铁、锌等矿物质。南瓜可减少粪便中的毒素对人体的危害，防止结肠癌的发生，对高血压及肝脏的一些病变也有预防和治疗作用。另外，南瓜中的胡萝卜素含量较高，可保护眼睛。南瓜对烧伤、烫伤、支气管哮喘及老年慢性支气管炎、治痢疾、止痛、治糖尿病、热燥性症候、肾脏病、防神经性脱发、壮阳精强、预防男性前列腺肿胀等有一定的食疗效果。

西葫芦

润肺止咳、清热利尿

热量：18千卡/100克
每日用量：50~150克

食养功效：

　　西葫芦含有蛋白质、脂肪、纤维素、糖类、胡萝卜素、维生素 C、钙等营养成分，对烦渴、糖尿病、水肿腹胀、疮毒以及肾炎、肝硬化腹水等症具有良好的辅助治疗作用，还能增强免疫力，发挥抗病毒的作用。西葫芦富含水分，有润泽肌肤的作用，对面色暗黄的人群有很好的食疗功效，能改善皮肤的颜色，补充肌肤的养分，让暗沉肌肤恢复活力。西葫芦还含有一种干扰素的诱生剂，可刺激机体产生干扰素，提高免疫力，可发挥抗病毒和抗肿瘤的作用。

莴笋

开通疏利、消积下气

热量：14千卡/100克
每日用量：50～250克

食养功效：

　　莴笋含有糖类、胡萝卜素、维生素 C、维生素 E、膳食纤维、维生素 B_2、维生素 B_1、烟酸、蛋白质、钙、镁、铁、锰、锌、铜、钾、磷等成分。莴笋有增进食欲、刺激消化液分泌、促进胃肠蠕动等功能，能改善消化系统和肝脏功能，有助于抵御风湿性疾病。莴笋还可以提高人体血糖代谢功能，糖尿病病人经常吃些莴笋，可改善糖代谢功能。

芦笋

清凉降火、消暑止渴

热量：19千卡/100克
每日用量：50～150克

食养功效：

　　芦笋的蛋白质组成具有人体所必需的各种氨基酸，含量比例恰当，其无机盐中有较多的硒、钼、镁、锰等微量元素，还含有大量以天门冬酰胺为主的非蛋白质含氮物质和天门冬氨酸等。

　　经常食用芦笋，对心脏病、高血压、心律不齐、疲劳、水肿、膀胱炎、排尿困难、胆结石、肝功能障碍和肥胖等病症有一定的食疗效果，还可消除疲劳，降低血压，改善心血管功能，增进食欲，提高机体代谢能力，提高免疫力。芦笋可以使细胞生长正常化，具有防止癌细胞扩散的功能。

竹笋

清热化痰、利尿消食

热量：19千卡/100克
每日用量：50～250克

食养功效：

　　竹笋含有丰富的蛋白质、脂肪、糖类、钙、磷、铁、胡萝卜素、维生素 B_1、维生素 B_2 和维生素 C 等营养成分。竹笋具有清热化痰、益气和胃、治消渴、利水道、利膈爽胃、帮助消化、去食积、防便秘等作用。

　　竹笋属天然低脂、低热量食品，是肥胖者减肥的佳品。竹笋能开胃健脾、开膈消痰、增强人体免疫力，对浮肿、腹水、脚气足肿、急性肾炎、喘咳、糖尿病、烦热等有一定的食疗效果。

莲藕

清热生津、凉血止血

热量：70千卡/100克
每日用量：100～300克

食养功效：

　　莲藕含蛋白质、脂肪、糖类、粗纤维、钙、磷、铁、胡萝卜素、维生素 B_1、维生素 B_2、烟酸等成分，能补中养神。

　　常食莲藕，能轻身耐老，延年益寿，补益十二经脉血气，平体内阳热过盛、火旺，交心肾，厚肠胃，强筋骨，止脾泄久痢，还可美容养颜、滑肤祛痘、养阴清热、润燥止渴、清心安神、利尿排毒。

茭白

清热止渴、利尿除湿

热量：23千卡/100克
每日用量：50～200克

食养功效：

　　茭白含有蛋白质、脂肪、糖类、维生素 B_1、维生素 B_2、维生素 E、微量胡萝卜素和矿物质等营养成分。茭白甘寒，性滑而利，既能利尿，辅助治疗四肢浮肿、小便不利等症，又能清暑解烦而止渴，夏季食用尤为适宜。茭白能退黄疸，对于黄疸型肝炎有益。

　　由于茭白热量低、水分高，食后易有饱足感，因此成为人们喜爱的减肥佳品。茭白中含有的豆醇能清除体内活性氧，抑制酪氨酸酶活性，从而可阻止黑色素生成，能软化皮肤表面的角质层，使皮肤润滑细腻。

山药

健脾补肺、固肾益精

热量：56千卡/100克
每日用量：鲜品50～100克

食养功效：

　　山药含多种氨基酸和糖蛋白、黏液质、胡萝卜素、维生素 B_1、维生素 B_2、烟酸、胆碱、淀粉酶、多酚氧化酶、维生素 C 等营养成分，对脾胃虚弱、倦怠无力、食欲不振、久泻久痢、肺气虚燥、痰喘咳嗽、下肢痿弱、消渴尿频、遗精早泄、皮肤赤肿、肥胖等病症有食疗作用。

　　由于鲜山药富含多种维生素、氨基酸和矿物质，可以防止人体脂质代谢异常，以及动脉硬化，因此对维护胰岛素正常功能也有一定作用，有增强人体免疫力、益心安神、宁咳定喘、延缓衰老等保健作用。此外，山药还可养颜、预防春困。

红薯

补虚乏、润肠胃

热量：99千卡/100克
每日用量：50～300克

食养功效：

红薯含有膳食纤维、胡萝卜素、维生素 A、B 族维生素、维生素 C、维生素 E 以及钾、铁、铜、硒、钙等十余种矿物质，具有补虚乏、益气力、健脾胃、强肾阴以及和胃、暖胃、益肺等功效。

常吃红薯能防止肝脏和肾脏中的结缔组织萎缩，预防胶原病和心血管疾病的发生。其中高含量的膳食纤维有促进胃肠蠕动、预防便秘和结肠直肠癌的作用，还可调节血糖，缓解糖尿病症状。

金针菇

补肝益胃、防癌抗癌

热量：26千卡/100克
每日用量：100～500克

食养功效：

金针菇富含蛋白质、糖类、粗纤维，具有补肝、益肠胃、利肝脏、增智、抗菌消炎、抗癌、抗肿瘤之功效，对肝病、胃肠道炎症、溃疡、肿瘤等病症有食疗作用。

金针菇能有效地增强机体的生物活性，促进体内新陈代谢，清除重金属盐类物质，有利于食物中各种营养素的吸收和利用，还可抑制血脂升高，降低胆固醇，防治心脑血管疾病。金针菇中锌含量较高，对预防男性前列腺疾病较有帮助。而且金针菇还是高钾低钠食品，可防治高血压，对老年人也有益。

茶树菇

补肾利尿、健脾止泻

热量：279千卡/100克（干）
每日用量：50～150克

食养功效：

茶树菇含有人体所需的18种氨基酸和丰富的 B 族维生素及矿物质铁、钾、锌、硒等，是心血管病和肥胖症患者的理想食品，有抗衰老、降低胆固醇、防癌和抗癌的特殊食疗作用，具有补肾滋阴、健脾胃、提高人体免疫力、增强人体防病能力的功效，对肾虚尿频、水肿、气喘，尤其小儿低热尿床有独特疗效。

香菇
化痰理气、益胃和中

热量：19千卡/100克
每日用量：50～150克

食养功效：

　　香菇是高蛋白质、低脂肪、多糖和多维生素的菌类食物，其提取物对过氧化氢有清除作用，可延缓衰老。香菇中含有嘌呤、胆碱、酪氨酸、氧化酶以及某些核酸物质，能起到降血压、降胆固醇、降血脂的作用。

　　香菇能提高机体免疫功能、延缓衰老、防癌抗癌，可预防动脉硬化、肝硬化等疾病。香菇还对糖尿病、肺结核、传染性肝炎、神经炎等疾病有一定的辅助治疗作用，还可用于消化不良、便秘等病症。

银耳
滋补生津、润肺养胃

热量：200千卡/100克
每日用量：50～200克

食养功效：

　　银耳含有脂肪、糖类、钙、磷、铁、维生素 B_1、维生素 B_2、烟酸以及 16 种氨基酸等营养成分，具有强精补肾、润肠益胃、补气和血、强心补脑、提神、美容嫩肤、延年益寿之作用，能提高肝脏解毒能力，起保肝作用。

　　银耳对老年慢性支气管炎、肺源性心脏病有一定的食疗效果，其富含维生素 D，能防止钙流失，而所含的天然植物性胶质有祛除脸部黄褐斑、雀斑的功效。

黑木耳
凉血止血、补血益气

热量：205千卡/100克
每日用量：100～200克

食养功效：

　　黑木耳含有卵磷脂、脂肪、糖类、维生素 B_1 及维生素 K、胡萝卜素、纤维素、钙、钾、铁、磷等营养成分。

　　黑木耳具有显著的抗凝作用，它能阻止血液中的胆固醇在血管上沉积和凝结，能预防动脉硬化。其含铁量高，可以及时为人体补充足够的铁质，是一种天然补血食品。

芦荟

清热通便、清肝泻下

热量：62千卡/100克
每日用量：3~10克

食养功效：

芦荟的主要成分有芦荟大黄素苷、异芦荟大黄素苷、芦荟苷，还含有多种维生素、多种必需氨基酸及糖类等成分，对肝火头痛、目赤肿痛、烦热惊风、热结便秘、虫积腹痛、小儿疳积、湿疮疥癣、痔瘘等病症有一定的疗效，还可治疗创伤，多用于皮肤或其他组织创伤以及烧伤，甚至有人认为可以用于抗绿脓杆菌。

苹果

健脾益胃、润肺除烦

热量：52千卡/100克
每日用量：1~2个

食养功效：

苹果富含糖类、蛋白质、脂肪、磷、铁、钾、苹果酸、奎宁酸、柠檬酸、酒石酸、鞣酸、果胶、纤维素、B族维生素、维生素C等营养成分。吃苹果可以减少血液中的胆固醇含量，因而可避免胆固醇沉淀在胆囊中形成胆结石，有助于降血压。

苹果中含有的磷和铁等元素，易被肠壁吸收，有补脑养血、宁神安眠的作用。苹果的香气是治疗抑郁和压抑感的良药。苹果对于癌症也有良好的食疗作用。

草莓

润肺生津、利尿和胃

热量：30千卡/100克
每日用量：5~15颗

食养功效：

草莓含有果糖、蔗糖、蛋白质、柠檬酸、苹果酸、水杨酸、钙、磷、铁、钾、锌、铬及多种维生素等成分，对肺热咳嗽、食欲不振、小便短少、暑热烦渴等有一定食疗效果。

草莓含有的胡萝卜素是合成维生素A的主要原料，可明目养肝，对胃肠道和贫血均有一定的滋补调理作用。其富含鞣酸，可吸附和阻止致癌化学物质的吸收，具有防癌作用。草莓中还含有胺类物质，对白血病、再生障碍性贫血也有一定疗效。

葡萄

益气补血、健胃生津

热量：43千卡/100克
每日用量：100~500克

食养功效：

葡萄含有矿物质钙、钾、磷、铁，以及多种维生素、多种人体必需氨基酸，还含有脂肪、糖类等营养成分。葡萄不仅能抗病毒、杀细菌。降低胃酸。还可以兴奋大脑神经，甚至还能起到防癌抗癌的效果。对泌尿系统感染、高血压、高脂血症等病症有一定食疗效果。

平常多吃葡萄，可以缓解手脚冰冷、腰痛、贫血等现象，提高免疫力。

香蕉

养阴润燥、生津止渴

热量：91千卡/100克
每日用量：2~3根

食养功效：

香蕉含有蛋白质、果胶、钙、磷、铁、胡萝卜素、维生素B$_1$、维生素B$_2$、维生素C、粗纤维等营养成分。具有清热、通便、解酒、降血压、抗癌的功效，对便秘、痔疮患者大有益处。其中的维生素A能促进生长，增强对疾病的抵抗能力；含有的维生素B$_1$能抗脚气病，促进食欲、助消化，保护神经系统；维生素B$_2$能促进人体正常生长和发育。

香蕉除了平稳血清素和褪黑素外，还含有可让肌肉松弛的镁元素，工作压力比较大的朋友可以多食用。

猕猴桃

生津清热、调中下气

热量：56千卡/100克
每日用量：50~250克

食养功效：

猕猴桃含有多种维生素、脂肪、蛋白质、钙、磷、铁、镁、果胶，还含有硫醇蛋白的水解酶和超氧化物歧化酶等成分，对癌症、肝炎等有一定的食疗作用。猕猴桃含有优良的膳食纤维和丰富的抗氧化物质，能够起到清热降火、润燥通便的作用，可以有效地预防和治疗便秘、痔疮。

山楂

消食化积、理气散瘀

热量：255千卡/100克
每日用量：10～30克

食养功效：

山楂含有糖分、维生素、蛋白质、苹果酸、枸橼酸、钙、铁等营养成分。山楂所含的大量维生素C和酸类物质，可促进胃液分泌，增加胃消化酶类，从而帮助消化。山楂还有活血化瘀的功效，有助于消除局部瘀血，对跌打损伤也有辅助作用。

山楂还能防治心血管疾病，具有扩张血管、增加冠脉血流量、改善心脏活力、兴奋中枢神经系统、降低血压和胆固醇、软化血管及利尿和镇静等作用。

花生

健脾益胃、增强记忆

热量：563千卡/100克
每日用量：30～200克

食养功效：

花生含有蛋白质、多种维生素、钙、磷、铁、不饱和脂肪酸、卵磷脂等营养成分，具有益智、抗衰老、延长寿命的功效，可以促进人体的新陈代谢，增强记忆力，对心脏病、高血压和脑出血有食疗作用。花生富含锌，对男性前列腺大有益处，还富含钙，常食对骨质疏松有食疗作用，同时还适用于营养不良、脾胃失调、咳嗽痰多等症。

腰果

补肾健脾、延年益寿

热量：552千卡/100克
每日用量：30克

食养功效：

腰果含有大量的蛋白质、糖类、钙、镁、钾、铁和多种维生素等营养成分，能补脑养血、补肾健脾、下逆气、止久渴。它含有丰富的油脂，可以润肠通便，润肤美容，延缓衰老。

经常食用腰果可以提高机体抗病能力，增进食欲，对食欲不振、心衰、下肢浮肿及多种炎症有显著疗效，尤其有酒糟鼻的人更应多食。腰果对夜盲症、干眼症及皮肤角化有防治作用。

板栗

健脾和胃、益气补肾

热量：212千卡/100克
每日用量：50克

食养功效：

板栗的主要成分是淀粉，能供给身体较多的热能，具有益气健脾、厚补胃肠的作用，并能帮助脂肪代谢。脾胃虚弱、反胃、腹泻的人可常吃。

板栗含有丰富的糖类、不饱和脂肪酸和矿物质等，有养胃健脾、补肾强筋、活血止血的功效，主治反胃不食、泄泻、吐血、衄血、便血、筋伤骨折肿痛等症，可防治高血压病、冠心病、动脉硬化、骨质疏松等疾病，是抗衰老、延年益寿的滋补佳品。板栗富含维生素 B_2，可有效治疗难愈的口腔溃疡。

每天吃几颗板栗，能够增强骨骼、肌肉的营养，预防、治疗肾虚引起的腰膝酸软和骨质疏松。板栗不易消化，不可大量使用。

核桃

滋补肝肾、强健筋骨

热量：627千卡/100克
每日用量：3～5颗

食养功效：

核桃仁含有多种脑组织代谢所需的营养物质，能够增强记忆力，缓解疲劳，保护心脑血管，预防冠心病、脑卒中、老年痴呆等。

核桃仁还含有大量维生素E，常吃可使皮肤滋润光滑、有弹性，头发乌黑坚韧，延缓皱纹的产生。

核桃仁具有滋补肝肾、强健筋骨、定喘润肠之功效，主治肾虚喘嗽、腰膝无力、便秘。核桃油中油酸、亚油酸等不饱和脂肪酸高于橄榄油，饱和脂肪酸含量极微，是预防动脉硬化、冠心病的优质食用油。

核桃能有效降低血脂，长期食用还对癌症具有一定的预防效果。教师每天吃核桃仁，效果更胜于吃补药。

松子

延缓衰老、补益气血

热量：698千卡/100克
每日用量：25克

食养功效：

松子富含亚油酸、亚麻油酸、维生素E、钙、铁、磷、钾、锰等营养物质，是大脑的优质营养补充剂，特别适合脑力劳动者食用，其中所含的不饱和脂肪酸具有增强脑细胞代谢、维护脑细胞功能和神经功能的作用，可增强记忆力，对老年痴呆也有很好的预防作用。

松子具有强阳补骨、滋阴养液、补益气血、软化血管、润燥滑肠之功效，可用于治疗病后体虚、肌肤失润、肺燥咳嗽、口渴便秘、头昏目眩、自汗、心悸等病症。

松子中所含的不饱和脂肪酸和大量矿物质如钙、铁、磷等，能够增强血管弹性、维护毛细血管的正常状态、降低血脂、预防心血管疾病、预防老年痴呆症。松子含有油脂，可以滋养肌肤、提高机体免疫功能、延缓衰老、消除皱纹、增强性功能等。

桂圆

补血安神、健脑益智

热量：71千卡/100克
每日用量：5~10枚

食养功效：

桂圆含有蛋白质、脂肪、糖类、粗纤维、钙、磷、维生素C、维生素K、烟酸等营养成分，对虚劳、失眠、健忘、惊悸、怔忡、心虚、头晕等有食疗效果。

桂圆还有抗老防衰的作用，因为它能抑制人体内一种使人衰老酶的活性物质，加上所含的丰富的蛋白质、维生素及矿物质，久食可使人"轻身不老"。

桂圆还能补气养血，对神经衰弱、更年期妇女的心烦汗出、智力减退都有很好的疗效，是健脑益智的佳品。

黑米

滋阴补肾、养精固本

热量：333千卡/100克
每日用量：每餐约100克

食养功效：

黑米营养丰富，其B族维生素、维生素E、钙、磷、钾、镁、铁、锌等营养元素的含量都较高，还含有粳米所缺乏的维生素C、叶绿素、花青素、胡萝卜素及强心苷等成分，对中年人有很好的滋补作用，具有健脾开胃、补肝明目、滋阴补肾、益气强身、养精固本的功效，是抗衰美容、防病强身的滋补佳品。同时，黑米含B族维生素、蛋白质等，对于脱发、头晕目眩、腰膝酸软、夜盲耳鸣、白发、贫血、流感、咳嗽、气管炎、肝病、肾病患者都有食疗保健作用，并有抗菌、降低血压、抑制癌细胞生长的功效，还可改善心肌营养、降低心肌耗氧量等。

小米

健脾和胃、养心安眠

热量：358千卡/100克
每日用量：80~100克

食养功效：

小米含蛋白质、脂肪、铁和维生素等，消化吸收率高，适合脾胃虚弱、消化不良、体弱多病和病后恢复期患者调补身体。

小米对缓解精神压力、紧张、乏力等有很大的作用，可健脾和胃、补益虚损、和中益肾、除热解毒，主治脾胃虚热、反胃呕吐、消渴、泄泻。

小米富含钙、磷、铁、维生素B_1、维生素B_2及胡萝卜素等营养，可以防治消化不良、口角炎。小米具有滋阴养血的功能，可减轻皱纹、色斑、色素沉着。但小米含赖氨酸很少，不能长期作为主食。

薏米

健脾去湿、舒筋除痹

热量：357千卡/100克
每日用量：30克

食养功效：

薏米营养丰富，易消化吸收，有清热利湿的功效，很适合夏、秋季节食用。其性凉而不伤脾胃，作用缓和，对于病后阴虚燥热、脾胃不和的患者来说也是很好的食疗材料。

薏米具有利水渗湿、抗癌、解热、镇静、镇痛、抑制骨骼肌收缩、健脾止泻、除痹、排脓等功效，主治水肿、脾虚泄泻、风湿身痛、湿热脚气、湿热筋急拘挛、湿痹、肺萎肺痈、咳吐脓血、喉痹痈肿、肠痈热淋。

常吃薏米有增强人体免疫功能、抗菌抗癌的作用，其所含的薏米醇还有降压、利尿、解热和驱蛔虫的效果，适用于高血压、尿路结石、尿路感染、蛔虫病等。

黄豆

降压降脂、提高免疫

热量：359千卡/100克
每日用量：30克

食养功效：

黄豆具有健脾、益气、宽中、润燥、补血、降低胆固醇、利水、抗癌之功效。黄豆中含有抑胰酶，对糖尿病患者有益。黄豆中含有丰富的维生素、氨基酸和各种矿物质，有益于纠正缺铁性贫血，调节雌激素含量。常食黄豆，可以使皮肤细嫩、白皙、润泽，有效防止雀斑和皱纹的出现。黄豆中的高含量蛋白质，可以营养肌肤、毛发，令肌体丰满结实，毛发乌黑亮泽。

黄豆对于中年人，尤其是中年女性，是非常有益的。其蛋白质含量很高，且较易消化吸收，常吃能够降低血胆固醇，减少动脉硬化的发生，预防及控制心脑血管疾病的发生发展。

对于中年女性来讲，其中的大豆异黄酮还能够双向调节雌激素的含量，保护卵巢，延后绝经期及减轻更年期症状。

黑豆

补肾健脾、祛风除湿

热量：381千卡/100克
每日用量：30～40克

食养功效：

黑豆含有丰富的维生素E和异黄酮，能清除体内的自由基，调节激素水平，预防皮肤产生皱纹和色斑，达到养颜美容的目的。此外，其内丰富的膳食纤维可促进肠胃蠕动，预防便秘。

黑豆可润肺，有祛痰止喘的功效，可治咳嗽，缓解腹胀、便秘，逐渐补肾利湿，减肥消脂。黑豆中异黄酮和卵磷脂含量特别丰富，有降低血胆固醇、抗动脉硬化和减肥的作用。

常吃黑豆，可以减少由于色素沉着引起的黄褐斑和老年斑，养颜美容，延缓衰老。

猪肚

健脾和胃、补益虚损

热量：110千卡/100克
每日用量：50克

食养功效：

　　猪肚为补脾之要品，其中含大量的钙、钾、钠、镁、铁等矿物质和维生素A、维生素E、蛋白质、脂肪等成分，有补虚损、健脾胃的功效，多用于脾虚腹泻、虚劳瘦弱、消渴、泄泻、下痢、小儿疳积、尿频或遗尿。

　　人到中年，随着代谢的减慢和脏腑功能衰退，加之饮酒、饮食不节制、多食肥甘厚味食物等，很多人脾胃不和，有食欲减退、腹胀、嗳气、恶心、便秘或腹泻等症状，进而导致皮肤干燥粗糙、面色萎黄、睡眠差等。这种情况可常吃猪肚进行饮食调理。

猪腰

补肾益精、滋阴润燥

热量：96千卡/100克
每日用量：50克

食养功效：

　　猪腰具有补肾气、通膀胱、消积滞、止消渴之功效，主治肾虚所致的腰酸痛、遗精、盗汗、耳聋、水肿、小便不利。猪腰富含优质蛋白和脂溶性维生素，有补肾益精、利水的功效。中年教师常见肾虚导致的耳鸣、腰酸无力、小便频数、性欲减退、遗精早泄、月经不调等症状，可适当吃猪腰进行食补。但猪腰的胆固醇含量较高，不宜一次吃太多。

猪肝

明目补血、提高免疫

热量：134千卡/100克
每日用量：50克

食养功效：

　　猪肝富含易被人体吸收的铁，还有丰富的维生素A、B族维生素等，能补肝明目、养血，可用于血虚萎黄、夜盲、目赤、浮肿、脚气等症，适宜气血虚弱、面色萎黄、缺铁性贫血者，以及肝血不足致视物模糊、夜盲、眼干者，小儿麻疹病后角膜软化症、内外翳障等眼病者食用。常食猪肝可预防眼睛干涩、疲劳，可调节和改善贫血病人造血系统的生理功能，促进身体的新陈代谢，增强人体的免疫力，抗氧化，防衰老，并能抑制肿瘤细胞的产生。

猪骨

补润肠胃、补中益气

热量：63千卡/100克
每日用量：200克

食养功效：

　　猪骨除含蛋白质、脂肪、维生素外，还含有大量磷酸钙、骨胶原、骨黏蛋白等，有补脾、润肠胃、生津液、丰肌体、泽皮肤、补中益气、养血健骨的功效。

　　常喝骨头汤，能及时补充人体所必需的骨胶原等物质，增强骨髓造血功能，有助于骨骼的生长发育。

牛肉

健脾和胃、补气养血

热量：106千卡/100克
每日用量：100克

食养功效：

　　牛肉营养丰富，其蛋白质含量很高，氨基酸组成更适合人体的需求。它可以补脾胃、益气血、强筋骨，在日常食用的畜肉中营养价值最高，对虚损羸瘦、消渴、脾弱不运、癖积、水肿、腰膝酸软、久病体虚、面色萎黄、头晕目眩等病症有食疗作用。对气血虚、脾胃虚弱的人来讲，其是很好的日常食补材料。术后、病后恢复期，以及体虚畏寒、疲乏无力、贫血、面色㿠白者应常吃牛肉。

羊肉

益气补虚、补肾壮阳

热量：203千卡/100克
每日用量：100克

食养功效：

　　李时珍在《本草纲目》中说："羊肉能暖中补虚，补中益气，开胃健身，益肾气，养胆明目，治虚劳寒冷、五劳七伤。"羊肉适合体质虚寒、工作生活劳累者食用，能促进血液循环，使皮肤红润，增强御寒能力，补益肾精，增强性功能，具有补体虚、祛寒冷、温补气血、益肾气、补形衰、开胃健力、补益产妇、通乳止带、助元阳、益精血的功效。

　　羊肉既能御风寒，又可补身体，对一般风寒咳嗽、慢性气管炎、虚寒哮喘、肾亏阳痿、腹部冷痛、体虚怕冷、腹痛、少食、欲呕、尿频、腰膝酸软、面黄肌瘦、气血两亏、病后或产后身体虚亏等一切虚状均有治疗和补益效果，最适宜于冬季食用。

鸭肉

滋阴清肺、利水消肿

热量：262千卡/100克
每日用量：100克

食养功效：

　　鸭肉富含 B 族维生素和维生素 E，具有养胃滋阴、清肺解热、大补虚劳、利水消肿之功效，用于治疗咳嗽痰少、咽喉干燥、阴虚阳亢之头晕头痛、水肿、小便不利。鸭肉不仅脂肪含量低，且所含脂肪主要是不饱和脂肪酸，能起到保护心脏的作用。

　　鸭肉能滋五脏之阴、清虚劳之热，养胃生津，是很好的清补之物，适宜阴虚体质者食用。更年期女性和长期吸烟、饮酒的男性，常见阴虚内热，表现为心烦口渴、喜食冷饮、手足心热、睡眠不宁、盗汗遗精等症状，可常吃鸭肉进行调理。

乌鸡

滋阴补肾、养血添精

热量：111千卡/100克
每日用量：100克

食养功效：

　　乌鸡肉中蛋白质、铁、磷、钙、锌、镁、维生素 B_1、烟酸、维生素 E 的含量都很高，而胆固醇和脂肪含量则很少，具有滋阴补肾、养血添精、益肝退热、补虚损的作用，主治虚劳骨蒸羸瘦、消渴、脾虚滑泄、下痢口噤、崩中、带下，适合脾胃亏虚、肝肾不足、血虚者食用。脾虚失于运化造成的痰湿肥胖、高血压、高脂血症者也可食用。

　　食用乌鸡还能调节人体免疫功能、抗衰老，对于病后、术后贫血者具有补血、促进康复的食疗作用。

鳝鱼

温阳健脾、滋补肝肾

热量：89千卡/100克
每日用量：100克

食养功效：

　　鳝鱼属高蛋白、低脂肪食物，富含维生素 A、维生素 B_1、维生素 B_2、烟酸、钙、铁、磷等。教师常吃鳝鱼，对降低血液中胆固醇的浓度，预防因动脉硬化而引起的心血管疾病有显著的食疗作用。鳝鱼中的维生素 A 能增进视力，缓解眼部疲劳，防治视力减退和夜盲症，预防糖尿病患者的眼部并发症。

　　《本草纲目》记载，鳝鱼有补血补气、消炎消毒、祛风除湿、壮阳等功效。可止血，除腹中冷气肠鸣。还可用于辅助治疗面部神经麻痹、中耳炎、乳房肿痛，各种痔、瘘、疮疡等病症。

鲫鱼

温中下气、清热解毒

热量： 108千卡/100克
每日用量： 100克

食养功效：

鲫鱼富含优质蛋白、脂肪、钙、铁、锌、磷及多种维生素，有益气健脾、滋阴补血、通调血脉、利水消肿、清热解毒、通络下乳、祛风湿病痛的功效。常吃鲫鱼，可治疗脾胃虚弱造成的食欲不振、消化不良，调理中焦，补益五脏。慢性肾炎水肿、肝硬化腹水、营养不良性浮肿患者适宜食用；产后乳汁缺少之人适宜食用；脾胃虚弱、食欲不振者适宜食用；痔疮出血、慢性肠炎腹泻者适宜食用。

鲫鱼肉中的蛋白质易被人体所吸收，氨基酸比例符合人体需要，所以常吃鲫鱼对促进智力发育、降低胆固醇和血液黏稠度、预防心脑血管疾病有很好的作用。

鲈鱼

补益肝肾、化痰止咳

热量： 105千卡/100克
每日用量： 100克

食养功效：

鲈鱼富含蛋白质、维生素A、B族维生素、钙、镁、锌、硒等营养元素，具有健脾益肾、补气安胎、健身补血等功效，主治脾虚泄泻、消化不良、百日咳、水肿、筋骨萎弱、胎动不安、疮疡久治不愈，对慢性肠炎、慢性肾炎、习惯性流产、胎动不安、妊娠期水肿、产后乳汁缺乏、手术后伤口难愈合等有食疗作用。

鲈鱼中还有较多的铜元素，铜能维持神经系统的正常功能并参与数种物质代谢的关键酶的功能发挥，铜元素缺乏的人可食用鲈鱼来补充。

虾

补肾壮阳、延缓衰老

热量： 87千卡/100克
每日用量： 80克

食养功效：

虾具有补肾、壮阳、通乳之功效，可治阳痿体倦、腰痛腿软、筋骨疼痛、失眠不寐、产后乳少等症，所含有的微量元素硒能有效预防癌症。

虾中含有丰富的镁，镁对心脏活动具有重要的调节作用，能很好地保护心血管系统。它可减少血液中胆固醇含量，防止动脉硬化，同时还能扩张冠状动脉，有利于预防高血压及心肌梗死。

虾肉质松软，易消化，对身体虚弱以及病后需要调养的人来说是极好的食物。常吃虾能够增强免疫力和性功能，对于改善肾阳虚导致的畏寒、腰膝无力、疲乏倦怠、耳鸣、失眠、性欲和性功能减退有很好的效果。韭菜鸡蛋炒虾仁是常用的壮阳菜。

牡蛎

平肝息风、养阴补肾

热量：73千卡/100克
每日用量：80克

食养功效：

牡蛎是一种高蛋白、低脂肪、易消化的食品，含有丰富的甘氨酸，还含有多种维生素及钙、磷、铁、锌等营养成分，有镇静安神、潜阳补阴、软坚散结、收敛固涩的作用，可用于惊悸失眠、眩晕耳鸣、自汗盗汗、遗精崩带、胃痛泛酸，特别适合虚劳、虚损的病患和那些阴虚、血亏、气血不足的人。

适量食用牡蛎能抑制血小板的凝集，降低血液中血栓素 A_2 的含量，从而预防血栓的生成，对血脂较高、动脉硬化、冠心病和糖尿病患者来说是较好的食疗材料。牡蛎还富含磷，有利于钙质的吸收利用。

海带

疏肝理气、降压降脂

热量：12千卡/100克
每日用量：15～20克

食养功效：

海带富含碘、钾、钙、钠、镁、铁、铜、硒、维生素 A 和藻多糖，有消痰软坚、泄热利水、止咳平喘、减脂降压、散结抗癌的作用，对于患有高血压、高脂血症、冠心病等心脑血管疾病的人来说是很好的降压降脂食物。

海带能化痰、软坚、清热、降血压、防治夜盲症、维持甲状腺正常功能、促进甲状腺素分泌。海带含有丰富的微量元素和维生素。常吃海带，有助于头发的生长，使头发润泽、乌黑、光亮，降低血脂和血压，有助于减肥和维持体型，并保护血管壁，预防心脑血管疾病。海带特有的多糖物质，可增强机体免疫力。

鸡蛋

健脾和胃、延缓衰老

热量：144千卡/100克
每日用量：1～2个

食养功效：

鸡蛋含有丰富的蛋白质、脂肪、维生素和铁、钙、钾等人体所需的矿物质，可补肺养血、滋阴润燥，可用于气血不足、热病烦渴、胎动不安等，是扶助正气的常用食品，常吃可滋阴养血、除烦安神、补脾和胃、健脑益智、保护肝脏、防治动脉硬化、预防癌症、延缓衰老。

鸡蛋是最好的蛋白质来源，其氨基酸比例完全符合人体需要，且消化吸收率高，水煮蛋的吸收率可达98%，适合各个年龄段和体质的人食用。高血压、高脂血症患者也可以放心食用鸡蛋，因为虽然蛋黄中含胆固醇，但主要是高密度脂蛋白，且蛋黄富含卵磷脂，有助于降低血脂。

5. 常喝蔬果汁排毒

玉米汁

材料：
蜂蜜20毫升，玉米粒200克

做法：
1.将玉米粒用清水淘洗干净，然后将其倒入榨汁机，加入少许纯净水，搅打30秒榨取果汁。
2.将榨好的蔬菜汁倒入杯中，再淋入蜂蜜搅拌即可。

柑橘蜂蜜饮

材料：
梨1个，柑橘1个，蜂蜜适量

做法：
1.梨去皮洗净并切块；柑橘去皮洗净。
2.将柑橘与梨一同入榨汁机中，加少许纯净水，榨汁，搅打好后，再倒入杯中，加入蜂蜜拌匀即可。

胡萝卜汁

材料:

胡萝卜30克,蜂蜜适量

做法:

1.胡萝卜洗净,去皮,切成段。

2.将胡萝卜放进榨汁机中,榨成汁。

3.将胡萝卜汁倒进杯中,加上蜂蜜,搅拌均匀即可饮用。

猕猴桃蜂蜜橙汁

材料:

猕猴桃30克,柳橙20克,蜂蜜适量

做法:

1.猕猴桃切成两段,挖出果肉;柳橙对半切开,去皮,切小块。

2.将处理好的猕猴桃和柳橙放入榨汁机内榨汁,将果汁倒入杯中,加少许蜂蜜,拌匀即可饮用。

芹菜汁

材料:

芹菜200克

做法:

1.芹菜洗净切段,放入开水锅中煮熟,捞出沥干水分。

2.取榨汁机,选择搅拌刀座组合,放入芹菜,加入少许矿泉水。盖上盖,选择"榨汁"功能,榨取芹菜汁。

3.将榨取的芹菜汁倒入杯中即可。

清凉绿豆沙

材料:

绿豆65克

做法:

1.碗中注入适量清水,放入洗净的绿豆,浸泡约2小时。

2.锅中注入适量清水烧开,倒入泡好的绿豆,烧开后用小火煮至食材熟软,捞出绿豆皮。

3.关火后盛出煮好的绿豆沙,装入杯中即成。

葡萄桑葚蓝莓汁

材料：

葡萄100克，桑葚、蓝莓各30克，柠檬汁少许，蜂蜜20毫升

做法：

1.葡萄、桑葚、蓝莓洗净备用。

2.备好榨汁机，倒入葡萄、桑葚、蓝莓，再挤入柠檬汁，倒入少许清水，盖上盖，调转旋钮至1挡，榨取果汁。

3.将榨好的果汁倒入杯中，再淋上备好的蜂蜜即可。

樱桃草莓汁

材料：

草莓95克，樱桃100克，蜂蜜30毫升

做法：

1.洗净的草莓对半切开，切成小瓣儿；洗净的樱桃对半切开，剔去核，待用。

2.备好榨汁机，倒入草莓、樱桃，倒入适量凉开水，盖上盖，调整旋钮开始榨汁。

3.待果汁榨好，倒入杯中，淋上备好的蜂蜜即可。

黑枣苹果奶昔

材料：

苹果80克，黑枣40克，牛奶80毫升，酸奶100毫升，肉桂粉20克

做法：

1.洗净的黑枣切开，去核，切小块；洗净的苹果切瓣，去皮，去核，切成块，待用。

2.将苹果块和黑枣块倒入榨汁机中，加入牛奶、酸奶，盖上盖，启动榨汁机，榨约30秒成奶昔。

3.断电后揭开盖，将奶昔倒入杯中，放上肉桂粉即可。

美味莴笋蔬果汁

材料：

莴笋、哈密瓜各100克，白糖15克

做法：

1.洗净去皮的莴笋切开，再切条，改切成丁；洗净去皮的哈密瓜切成小块。

2.锅中注水烧开，倒入莴笋拌匀，煮约半分钟至熟，捞出待用。

3.取榨汁机，选择搅拌刀座组合，将加工处理好的食材放入搅拌杯中，加适量矿泉水，盖上盖子，榨取蔬果汁。

4.断电后揭盖，加入白糖再搅拌片刻，把榨好的蔬果汁倒入杯中即可。

木瓜汁

材料：

木瓜300克

做法：

1.洗净去皮的木瓜去瓤，切小块。

2.取榨汁机，选择搅拌刀座组合，放入木瓜，加入少许矿泉水，盖上盖，选择"榨汁"功能，榨取木瓜汁。

3.将榨好的果汁倒入杯中即可。

猕猴桃汁

材料：

猕猴桃200克

做法：

1.猕猴桃去皮洗净，切小块。

2.取榨汁机，选择搅拌刀座组合，放入猕猴桃，加入少许矿泉水，盖上盖，选择"榨汁"功能，榨取猕猴桃汁。

3.将榨好的果汁倒入杯中即可。

6. 常饮花草茶减压

山楂果茶

材料：

胡萝卜120克，鲜山楂90克，冰糖15克

做法：

1.洗净去皮的胡萝卜切小块；洗净的山楂切开，去除果蒂和果核，改切成小块。

2.取榨汁机，选择搅拌刀座组合，倒入切好的材料，注入适量矿泉水，盖好盖，选择"榨汁"功能，榨出蔬果汁，待用。

3.锅置火上，倒入榨好的蔬果汁，用大火煮片刻，放入适量冰糖煮至溶化，盛出即可。

西洋参菊花茶

材料：

西洋参15克，菊花8克，蜂蜜10毫升

做法：

1.将西洋参、菊花洗净，备用。

2.砂锅中注入适量清水，用大火烧开，倒入西洋参、菊花，搅拌匀，煮沸后用小火煮约30分钟，至析出营养物质。

3.揭盖，轻轻搅拌一会儿，关火后盛出煮好的茶水，装入碗中，趁热淋入蜂蜜即可。

柠檬姜茶

材料：

柠檬70克，生姜30克，红糖适量

做法：

1.洗净去皮的生姜、柠檬切片。

2.取一个大碗，放入姜片和柠檬片，撒上适量红糖，搅拌红糖使其溶化，静置约10分钟。

3.汤锅置火上，倒入材料，注入适量清水，盖上盖子，用中火煮约3分钟，盛出煮好的姜茶，装入杯中即可。

金银花连翘茶

材料：

金银花6克，甘草、连翘各少许

做法：

1.砂锅中注水烧热，倒入备好的金银花、甘草、连翘，盖上盖，烧开后用小火煮约15分钟至其析出有效成分。

2.揭盖，搅拌均匀，关火后盛出药茶，滤入茶杯中即可。

红花桂枝茶

材料：

红花9克，生卷柏10克，泽兰12克，当归、桂枝各10克

做法：

1.将红花、生卷柏、泽兰、当归、桂枝共研成粗末。

2.将药末置热水瓶中，冲入沸水适量，闷泡20分钟后，代茶温饮，每日1剂。

山楂陈皮茶

材料：

鲜山楂50克，陈皮10克，冰糖适量

做法：

1.洗净的山楂去除头尾，再切开，去除果核，把果肉切成小丁块备用。

2.砂锅中注水烧开，撒上洗净的陈皮，倒入切好的山楂，盖上盖，煮沸后用小火煮约15分钟至食材析出有效成分，揭盖，加入适量冰糖拌匀，用中火续煮至糖分完全溶化。

3.关火后盛出煮好的陈皮茶，装入茶杯中即可。

玫瑰花茶

材料：

玫瑰花10克，冰糖适量

做法：

1.砂锅中注水烧开，放入洗净的玫瑰花，盖上盖，煮沸后用小火煮约15分钟至食材析出有效成分。

2.揭盖，加入适量冰糖拌匀，用中火续煮至糖分完全溶化，关火后盛出煮好的玫瑰花茶，装入茶杯中即成。

合欢花茶

材料：

合欢花10克，菊花5克，冰糖适量

做法：

1.砂锅中注水烧开，放入洗净的合欢花、菊花，盖上盖，煮沸后用小火煮约15分钟至食材析出有效成分，揭盖，加入适量冰糖拌匀，用中火续煮至糖分完全溶化。

2.关火后盛出煮好的合欢花茶，装入茶杯中即成。

蜂蜜柚子茶

材料：

柚子1个，蜂蜜50毫升，冰糖50克，盐适量

做法：

1.用盐擦洗柚子表皮后冲干净，剥开柚子，将柚子外皮切成丝，倒入锅中，加入清水，开大火，加盐煮至透明状捞出。

2.取柚子果肉，将果肉撕碎，另起锅，将果肉倒入锅中，清水煮软后捞出。

3.将柚子皮倒入锅中，加入冰糖，加入清水煮至稠状，将煮好的柚子浆、果肉一同倒入罐子中，加入蜂蜜，密封后冷藏，饮用时兑温开水即可。

莲子心茶

材料：

莲子心10克，冰糖适量

做法：

1.砂锅中注水烧开，放入洗净的莲子心，盖上盖，煮沸后用小火煮约15分钟至食材析出有效成分，揭盖，加入适量冰糖拌匀，用中火续煮至糖分完全溶化。

2.关火后盛出煮好的莲子心茶，装入茶杯中即可。

胖大海甘草茶

材料:

胖大海10克,甘草5克

做法:

1.砂锅中注水烧开,放入洗净的胖大海、甘草,盖上盖,煮沸后用小火煮约15分钟至食材析出有效成分。

2.关火后盛出煮好的茶,装入茶杯中即可。

罗汉果花茶

材料:

罗汉果花10克,蜂蜜适量

做法:

1.砂锅中注水烧开,放入洗净的罗汉果花,盖上盖,煮沸后用小火煮约15分钟至食材析出有效成分。

2.关火后盛出煮好的花茶,装入茶杯中,调入适量蜂蜜即可。

7. 为了健康，远离这些食物

牛骨髓

1.牛骨髓中的脂肪含量极高，高达 95.8%，多食牛骨髓可导致人体摄入的脂肪过多，脂肪沉积在体内，容易引起肥胖。

2.脂肪含量过大还会引发脑卒中、心血管疾病以及动脉粥样硬化等疾病，导致血压升高，还可能诱发高脂血症。

牛肝

1.牛肝的胆固醇含量很高，多食可使血液中的胆固醇和三酰甘油水平升高，胆固醇堆积在血管壁致使管腔狭窄，导致血压升高。

2.牛肝的热量高，多食易引发肥胖。

鹅肉

1.鹅肉的热量较高，过多的热量可在体内转化为脂肪堆积，会增加体重，导致肥胖发生。

2.鹅肉本身富含脂肪，可使血液中三酰甘油和胆固醇水平升高，引起其他心脑血管并发症，如高血压、高脂血症、脑卒中等。

午餐肉

1.午餐肉是一种罐装压缩肉糜，属于加工的肉类制品，加了防腐剂，有的还添加了人工合成色素、香精、甜味剂等，不利健康，不宜多食或长期食用。

2.午餐肉热量和脂肪含量都较高，多食容易引起血压升高，诱发高血压、高脂血症。

熏肉

1. 熏肉在制作过程中加了很多盐腌渍，大量摄入可引起血压升高，且熏肉在制作过程中可能产生致癌的亚硝酸盐，对健康不利。

2. 熏肉的脂肪含量很高，摄入大量脂肪可能引发脑卒中、心血管疾病、动脉粥样硬化等，肥胖的高血压患者尤其要注意。

炸鸡

1. 炸鸡属于油炸食品，其热量和脂肪含量都很高，过多食用很容易让人发胖，易导致心脑血管疾病。

2. 炸鸡在高温煎炸的过程中，维生素流失严重，而且还可能产生有害物质。

3. 炸鸡中钾、磷的含量都极高，过多食用会增加肾脏的负担，糖尿病并发肾病患者需慎食。

香肠

1. 香肠在加工过程中很容易因保管不善而发霉，发霉的香肠是被一种毒性较强的肉毒杆菌所污染，人们进食受了污染的香肠后会引起食物中毒。

2. 为了防止香肠变质，色泽好看，多数添加了防腐剂，即亚硝酸盐，而一次大量食入亚硝酸盐，可使血液失去携带氧气的功能而使人体缺氧，出现中毒症状，如口唇、指甲及全身皮肤青紫、呼吸急促、头昏、心悸、嗜睡等，严重的还会发生昏厥，若不及时抢救则可危及生命，故不宜多吃。

猪肉脯

1. 猪肉脯是由猪肉腌制、烘烤而成，其脂肪含量很高，还含有大量的胆固醇，如过多食用会引起脂肪堆积，胆固醇升高，从而诱发心血管疾病，故不宜多食。

2. 因为猪肉脯的热量高，脂肪多，能促进胆汁分泌，倘若过多食用，会加重肝脏和胆囊的负担，从而容易引发胆管、胰腺、胃肠的急性病症。

猪脑

猪脑的胆固醇含量极高，是猪肉的30倍，而过多的胆固醇堆积容易造成血管堵塞，即动脉粥样硬化，容易诱发心脑血管疾病，故不宜多食。

咸鱼

1. 咸鱼是一种腌制品，所用的盐一般是粗盐，这种盐中含有许多硝酸盐，硝酸盐在细菌的作用下可形成亚硝酸盐。而鱼肉中含有大量的胺类物质，当亚硝酸盐与胺类物质发生作用时，就会形成亚硝胺。亚硝胺是一种强烈的致癌物质，尤其易引起消化道癌、肝癌等，故不宜多吃。

2. 咸鱼在烹调食用时不可用油炸，而应尽量炖食。因为经油炸后的咸鱼中亚硝胺的含量比炖鱼高 25 倍以上，更容易致癌。如果炖吃咸鱼，并且不喝汤，可以使亚硝胺含量减少到最低限度。

咸菜

1. 咸菜的原料可为芥菜、白菜或白萝卜，用盐等调味料腌渍而成，其中腌芥菜的钠含量高达 7.2% 以上，老年人食用后容易引起血压升高，不利于血管健康。另外，摄入的盐过多，还会导致上呼吸道感染。这是因为高盐饮食可使口腔唾液分泌减少，溶菌酶亦相应减少，再加上高盐饮食的渗透作用，使上呼吸道黏膜抵抗疾病侵袭的作用减弱，很容易感染上呼吸道疾病。

2. 咸菜在腌渍过程中可能产生可致癌的亚硝酸盐，对中老年人健康不利。

猪油

1. 猪油的热量极高，容易使人发胖，从而引发其他并发症。

2. 猪油为动物油，其中饱和脂肪酸和胆固醇的含量均很高，长期食用后会导致血管硬化，引发高血压、心脏病与脑溢血，还会增加患动脉硬化等心脑血管并发症的风险。

可乐

1. 可乐及其他碳酸饮料营养低热量高，多饮容易引起体重增加。

2. 可乐中主要含精制糖，这种糖在人体中可不经任何转化而直接被人体吸收，从而使血糖快速升高，增高患糖尿病的风险。

3. 长期喝可乐会影响钙质的吸收，影响骨骼的正常发育，会增加骨质疏松的发病率。

4.可乐为碳酸饮料，其二氧化碳的含量高，若长期饮用会刺激肠胃，产生腹胀感，影响食欲，不利于身体健康。

奶油

1.奶油的热量和脂肪含量极高，容易引起肥胖，不利于高脂血症患者的血糖控制。

2.奶油中含有大量的胆固醇和饱和脂肪酸，容易结合沉淀于血管壁，引发动脉硬化、冠心病等心脑血管并发症。

冰淇淋

1.冰淇淋的热量、糖类含量和脂肪含量均较高，不利于控制体重。

2.冰淇淋等冷饮进入胃肠后会突然刺激胃，使血管收缩、血压升高，对健康不利。

3.冰淇淋多数是由人工奶油加工制作而成，食用后会增加血液的黏稠度，促进动脉硬化。其中含有的反式脂肪酸会降低高密度脂蛋白胆固醇，同时升高低密度脂蛋白胆固醇，增加患冠心病、高血压、糖尿病的风险，还可能导致记忆力下降。

油条

1.油条在制作时需加入一定量的明矾，明矾是一种含铝的无机物，被摄入的铝虽然能经过肾脏排出一部分，但由于天天摄入而很难排净。超量的铝会毒害人的大脑及神经细胞，对人体健康极为不利。

2.油条需高温油炸，在高温下，油脂所含的必需脂肪酸和脂溶性维生素 A、维生素 D、维生素 E 遭到氧化破坏，使油脂的营养价值降低，食用油条，难以起到补充多种营养素的作用。

3.油条经过高温处理后，其中还产生了一些致癌物质。

薯片

1.薯片的脂肪含量很高，高血压患者过多食用可使血中胆固醇与脂肪含量升高，从而导致高脂血症。

2. 薯片中含有致癌物丙烯酰胺，过量食用可使丙烯酰胺大量堆积，对人体健康不利。

3. 薯片的口味靠盐等调味料调制，食用后可使血压升高，还可能引发其他心血管疾病。

茶叶蛋

1. 茶叶中含有生物碱成分，还有酸性物质，在烧煮时会渗透到鸡蛋里，与鸡蛋中的铁元素结合，而这种结合体对胃有很强的刺激性，久而久之，会影响营养物质的消化吸收。此外，对缺铁性贫血患者而言，食用后不利于铁元素的吸收，对身体不利。

2. 茶叶中含有咖啡因，对一般人而言，可以兴奋大脑中枢神经，而此过程需要消耗较多的能量，对贫血患者而言，其本身就养分供应不足，显然会加重病情。

咖喱

1. 咖喱是由多种香料混合制作而成，属于香辛料中的一种，能促进食欲，经常吃不利于控制体重。

2. 咖喱含有姜黄粉、川椒、胡椒等，是大热性的调料，经常吃或大量食用易伤阴生燥，更年期女性更不适宜食用。

臭豆腐

1. 臭豆腐在发酵过程中极易被微生物污染，轻者会引起人体胃肠道疾病，重者还会导致肉毒杆菌大量繁殖，产生一种有毒物质——肉毒毒素，这是一种嗜神经毒素，毒力极强。

2. 臭豆腐制作中易挥发大量盐基氮，这种物质是蛋白质分解后的腐败物，对人体有害，不宜多食。

方便面

1. 方便面是一种高热量、高脂肪、高糖类的食物，不宜长期食用。

2. 方便面在制作过程中大量使用棕榈油，其含有的饱和脂肪酸可加速动脉硬化的形成。

3. 方便面的含钠量极高，食用后可使血压升高。

4. 方便面中含有添加剂和防腐剂，不宜长期食用。

爆米花

1. 长期大量食用爆米花，容易造成肺部的损伤，易引起呼吸困难和哮喘，严重的甚至危及生命。而长期贫血的患者，易出现呼吸系统的障碍，若食用此类食物，反而会加重病情。

2. 爆米花机的铁罐内涂有一层含铅的合金，给爆米花机加热时，其中的一部分铅会变成铅蒸气进入爆米花中，铅就会随着爆米花进入人体。因此，常吃爆米花极易发生慢性铅中毒，对健康无益。

炸麻花

1. 炸麻花属于油炸食品，其热量很高，对健康不利，不宜多食。

2. 油炸食品都需经过高温烹炸，其中丙烯酰胺的含量较高，而丙烯酰胺是有毒物质，会致癌，故不宜多食。

3. 炸麻花含有较多的油脂，对于青春期男性而言，很容易长青春痘，过多食用麻花不利于恢复。

白酒

1. 白酒中的酒精成分会影响肝脏内的内源性胆固醇的合成，使血浆中的胆固醇以及三酰甘油的浓度升高，长期饮用，容易造成动脉硬化。

2. 长期饮用白酒，其中的酒精能增加肝脏的负担，容易导致酒精肝，最终导致肝癌的发生。

8. 日常饮食注意事项

不能暴饮暴食

《黄帝内经》中说："饮食有节，起居有常。"这是养生、长寿、抗衰老的重要原则。《黄帝内经》中还说："饮食自倍，肠胃乃伤。"饮食过多，会损伤肠胃，这是大家都知道的道理。

很多教师由于消化功能逐渐减弱，解毒能力低下，血管弹性变弱，尤其不少人患有动脉硬化，更经不起暴饮暴食所带来的危害。暴饮暴食会严重破坏饮食平衡，加重肠胃负担，引起消化不良，出现胃痛、呕吐、腹胀、嗳气等症状，严重者可导致胃炎、肠炎、胰腺炎、胃穿孔等。此外，还容易导致营养过剩。人体摄入的脂肪过多，脂肪和胆固醇在血管壁上就会不断沉积，导致血管硬化，失去弹性及收缩力，甚至引起管腔狭小、心绞痛或心肌梗死等严重疾病。所以，饮食宜定时定量，注意饥饱得当，适可而止，让自己处于不饥不饿的状态，可维持胃肠的正常功能，有利于消化吸收。

多食用抗衰老食物

人到中年，身体进入另一种状态，不管是男性还是女性，都要抗衰，除了外部的护理外，饮食是关键，以下这些抗衰老的食物可以适当多吃。①绿茶：绿茶富含维生素C，而维生素C是预防感冒、抗氧化所不可欠缺的营养物质。除此之外，绿茶也富含防止老化的谷氨酸、提升免疫力的天冬氨酸、具滋养强身作用的氨基酸、具提神作用的咖啡因、降血压的黄酮类化合物等，还具有利尿、消除压力的作用。②大蒜：具有强烈的杀菌力，因此能消灭侵入体内的病菌，男性多吃可改善体质并强身。大蒜里含有的植物化学因子对心脏有益，为了让它发挥最大的功效，最好把大蒜切碎或者捣碎食用，吃时不要长时间加热，否则会丧失它的有益成分。③深海鱼：海鲜可以增强性功能。男性精液里含有大量的锌，当体内的锌不足，会影响精子的数量与品质。而海鲜类食物中蚝、虾、蟹的锌含量最为丰富，一颗小小的蚝就几乎等于人体一天对锌的需求量。④胡萝卜：胡萝卜中含有丰富的钾，有降血压的作用，膳食纤维能发挥整肠功效。β-胡萝卜素会在体内变化成维生素 A，提升身体的抵抗力，抑制导致细胞恶化的活性氧等。⑤鸡蛋：鸡蛋的营养最易被吸收，身体可以轻易把它们分解为氨基酸，成为肌肉增长的原料。⑥全麦面包：要对抗压力，B 族维生素是非常重要的，而全麦面包中富含 B 族维生素，可适量食用。⑦红酒：如果一定要喝酒，那就喝红酒。因为葡萄皮的抗氧化物质多酚留存在酒液中，可以降低患心血管疾病的概率。

吃饭时宜细嚼慢咽

很多教师由于肠胃功能逐渐减退，所以吃饭时要细嚼慢咽。假如说一口食品嚼 20 次（理想的是 30 次），食品的粉碎程度是 10 分，嚼 10 次可能就是 5 分，食品吸收时可不是什么标准都行的，剩下的那 5 分就需要胃"额外付出"了。所以，吃饭太快会增加胃的负担，造成胃部肌肉疲惫，胃动力下降，甚至过于粗糙的食品还会直接磨损胃黏膜。另外，由于咽得太快，一些坚硬、尖锐的食物容易卡住喉咙。吃东西快还容易产生胀气的问题。细嚼慢咽能促进唾液分泌，唾液有一定的杀菌及防癌功能。

每餐宜吃八分饱

"饮食自倍，肠胃乃伤"，说的是吃得过饱会影响肠胃功能。其实饮食过饱并非只影响肠胃，过饱还是冠心病、胰腺炎等多种危重病症的诱因，这对教师来说非常不利。如果食用的是易消化的食品，应少食多餐，这样更有利于肠胃的消化和对营养的吸收。一次的饮食量控制在八分饱的范围内为最佳。另外，当胃处于空空的状况时进行饮食的话，也会给胃带来过重的负担。为了缓和这种状况，可以在饥饿时吃点零食，零食的量应以不影响下一餐的饮食为限，但胃溃疡患者不适宜。

吸烟较多者要补充各类维生素

一支香烟可破坏 25 毫克的维生素 C。香烟中的焦油含苯并芘，是致癌的主要化合物，烟雾中含有高浓度的活性氧和自由基，会对肺产生很大伤害。研究表明，大量补充维生素 C、维生素 E 及 β - 胡萝卜素，可降低人体内的过氧化脂肪，也会使肺癌的发病率降低。

美国加利福尼亚大学的研究人员研究发现，维生素 C 有助于预防被动吸烟引起的伤害，这为那些不得不待在烟雾缭绕环境中的不吸烟者提供了一种自我保护的方法。

研究人员将 66 名不吸烟的人请进烟雾缭绕的环境中，结果显示，那些每天服用 500 毫克维生素 C 的人所受的伤害很小。有关专家介绍说，被动吸烟会对人体造成氧化损害，但这种损害能被维生素 C 中含有的抗氧化剂所抵消。据此，研究人员做了进一步的测试。他们将这 66 名志愿者分为 3 组并再次让他们进入有烟环境中，分别让他们每天服用维生素 C、维生素 E 和抗氧化剂硫辛酸以及安慰剂。两个月后，与服用安慰剂的志愿者相比，前两组志愿者血液中的氧应激水平分别下降了 1.4 % 和 12 %。因此，长期吸烟者以及长期处于烟雾中的"被动吸烟者"，应多补充维生素 C、维生素 B$_2$、维生素 E 及 β - 胡萝卜素。

复合维生素含维生素 A、天然 β - 胡萝卜素、维生素 D、天然维生素 E、维生素 B$_1$、维生素 B$_2$、维生素 B$_6$、维生素 B$_{12}$、维生素 C、维生素 K、叶酸、烟酸等多种维生素，并含有丰富的矿物质镁、铁、铜、锌、铬、硒等，能全面补充营养素不平衡、各种维生素及矿物质缺乏者所需的各种营养。

多食海产品

人到中年后，特别是一些中年男性，常常感到体力不支，精力不济，也就常借助补药来养生。其实，自然的食物相对于人工合成的药品，其安全性和可靠性都更好。海产品就有很好的滋补功效，海藻类食品的含碘量为食品之冠。碘缺乏不仅会造成神经系统、听觉器官、甲状腺发育的缺陷或畸形，还可导致性功能衰退、性欲降低。因此，应经常食用一些海藻类食物，如海带、裙带菜等。

水果上午吃

水果不但可口，还可以帮助身体排毒，促进身体健康，进而达到防治疾病、美容养颜的效果。但吃水果的时间一定要正确，新鲜水果的最佳食用时段是上午。选择上午吃水果，更能发挥其营养价值，产生有利于人体健康的物质，还能更有效地排毒。这是因为，人体经过一夜的睡眠之后，肠胃的功能尚在激活之中，消

化功能不太强，却又需补充足够的营养素，此时吃易于消化吸收的水果，可以满足身体的营养所需。

少吃腌制食物

我国居民吃酸菜的习惯历史久远，特别是寒冷、少雨的北方地区，过去新鲜绿叶菜不多，相当长的时间靠吃腌酸菜度日，吃自制的酸菜就成了传统的饮食习惯。据调查显示，长时间大量吃酸菜的人，患食管癌的概率较高。

亚硝基化合物的前体是亚硝酸盐和硝酸盐，它们广泛存在于自然界，有些是无法避免与之接触的，如饮用水、白萝卜、白菜、甜菜中都含有大量的硝酸盐，农田中大量施用的氮肥也是以硝酸盐为基本成分的。那么如何阻断这些成分变成亚硝胺及减少亚硝酸盐的摄入呢？

在特定的环境下，硝酸盐可能在胃中被还原成亚硝酸盐，与胃内的蛋白分解产物结合成亚硝胺，久而久之，容易引起癌症。因此，就要保持好胃肠的健康，如维持口腔及胃内的正常细菌活动，要避免胃酸缺乏，也不能让胃酸过多。

少吃腌制及不新鲜的食品。我国南方也有腌制的酱菜、泡菜、咸菜、鱼和虾酱等，多含有亚硝胺类物质，不应食之过多。常温下的剩菜、剩饭含有的亚硝酸盐会随时间的推移而迅速增加，从防癌角度出发，还是少吃或不吃为好。

适量摄入橄榄油

不少人在吃橄榄油时有个误区，认为橄榄油只有做凉拌菜才能保住其营养。其实，它完全可以用来炒菜，但油温不可过高。实际上，不仅是橄榄油，任何油都不适合高温烹调。橄榄油富含单不饱和脂肪酸，有利于降低血液中的"坏胆固醇"，升高"好胆固醇"，对控制血脂有益。

不过，橄榄油虽然具有很好的保健功效，但吃多了会长胖。和其他食用油一样，每百克含 99.9 克脂肪和 899 千卡热量。因此，吃多了对健康不利，同样会造成肥胖等问题。成人橄榄油的摄入量每天不宜超过 30 克，最好限制在 25 克以内。

各类植物油的成分功效有所区别。橄榄油含角鲨烯、谷固醇和 β-胡萝卜素、维生素 E 等成分，经常食用可防止钙质流失，预防消化系统疾病、心脏病、高血压，减少癌症发病率，还有降低胃酸、降低血糖等作用；菜籽油含有丰富的不饱和脂肪酸，有维持正常的新陈代谢、降低胆固醇、预防心血管疾病的功能；茶油含茶多酚和山茶苷，有降低胆固醇的功效。这几类油都比较适合高血压患者食用。

常喝菊花茶护眼

大多数教师由于常年的工作和身体状态逐渐"疲软"，眼睛也不是很好。菊花对眼疲劳、视力模糊有很好的疗效，可以每天喝 3～4 杯菊花茶。另外，还可用棉花蘸上菊花茶的汁液涂在眼睛四周，很快能消除因睡前多喝水而造成的水肿现象。

晚饭不应吃得太晚

经常吃夜宵或晚饭吃得太晚，都会增加胃的负担，长此以往会增加患胃癌的风险。晚饭早一点儿吃，并吃清淡一些，可防止胆固醇沉积。过晚吃厚味的晚饭，夜间血液中会经常保持高脂肪含量，导致肝脏合成胆固醇，并助长胆固醇在动脉壁上沉积，造成动脉硬化。而早餐和午饭吃高脂肪饮食，对血液中的脂肪量很少有影响。因此，为更有效地避免这一有害结果，晚餐不宜吃太晚。

有些食物不能空腹吃

西红柿中含有大量的胶质、棉胶酚等成分，容易与胃酸发生化学反应，凝结成不溶性的块状物质。这些块状物质有可能把胃的出口堵住，使胃内的压力升高，引起胃扩张，甚至产生剧烈的疼痛，严重影响胃部的消化、排毒功能。而在饭后吃西红柿，胃酸与食物充分混合后大大降低了胃酸的浓度，就不会结成块状物了。所以，空腹时忌吃西红柿。

橘子含有大量的有机酸、果酸等，这些酸类有一定的刺激作用。而人空腹时，胃黏膜本身就比较脆弱，如果这个时候食用橘子，橘子中的酸类很容易对胃黏膜造成不良刺激，使得胃功能紊乱，从而导致腹胀、嗳气、泛酸，甚至加重胃炎和胃溃疡。

当人空腹时，胃里的胃酸分泌得特别多。柿子含有较多的果胶、单宁酸，这些物质与胃酸发生化学反应生成难以溶解的凝胶块，易形成胃结石。一旦形成胃结石，胃部的正常排毒功能势必受到影响，毒素也就容易积聚在胃部，从而危害身体健康。

切忌"饭后一杯茶"

很多人习惯在饭后喝杯茶，认为这样可以促进消化，实际上，这并不是个好

习惯，它不仅会导致消化不良，还有可能增加患结石的风险。茶叶中含有鞣酸和茶碱，这两种物质都会影响人体对食物的消化。

胃液和肠液是人体消化食物必不可少的，但当鞣酸进入胃肠道后，会抑制它们的分泌，从而导致消化不良。此外，鞣酸还会与肉类、蛋类、豆制品、乳制品等食物中的蛋白质发生反应，形成不易被消化的鞣酸蛋白凝固物。需要特别提醒的是，如果吃的食物当中含有金属元素，如铁、镁等，鞣酸还有可能与它们发生反应，长年累月就可能形成结石。同时，胃酸偏酸性，而茶水偏碱性，饭后立即喝茶，茶碱不仅会抑制胃酸的分泌，还会稀释胃酸，影响胃酸中蛋白酶的分泌，从而影响消化。有关实验还表明，饭后饮用15克茶叶冲泡的茶水，会使食物中铁的吸收量降低50%。茶水的浓度越高，对身体的危害越大。

去餐馆吃饭，在饭菜上桌前，人们经常不忘要杯茶水。其实，饭前最好也少喝茶。如果要喝，应该选择菊花茶等淡茶。

饭后不可立即睡觉

我国有句养生格言，"饮食而卧，乃生百病。"人在吃饱饭后很容易犯困，这是因为身体里的血量是相对固定的，饭后人体的大量血液涌向肠胃，大脑的血容量就会减少，血压也随之下降，这时就会有昏昏欲睡的感觉，如果在这个时候睡觉，很容易因脑供血不足而形成血栓、脑卒中等。

一般来说，食物进入胃肠道后，1～2小时内达到吸收高峰，4～5小时才能完全排空。吃饱饭后，肠胃功能正在发挥其旺盛的作用，而人在睡着的时候，大部分机体组织器官开始进入代谢缓慢的"休整"状态，两者持久矛盾的状态，很容易引起消化功能的紊乱和营养吸收不良，许多人会因此产生营养堆积、肥胖等。此外，人躺下后，食物易发生反流，增加进入肺部的可能性，如果带有胃酸的食物反流到肺部，不仅会对肺产生化学性损伤，还容易受到细菌感染，甚至造成窒息。

PART 3

坚持好习惯，健康不远离

1. 常做这些"小动作"有益健康

头颈部

教师通常会以一个姿势一直坐着或者站着，颈部和头部容易出现酸痛的症状。所以对这些部位进行按摩，能够很好地缓解疼痛。下面为大家介绍头颈部的自我保健按摩法。

前额区

∞**预备姿势：** 坐式，两膝分开，同肩宽。

手法： 两手四指从前额中部向颞部两侧做画图状推摩（即四指并拢，拇指分开，指腹放在按摩部位，慢速推动），然后用中指和无名指捏住额部皮肤做轻柔的弧形移动（手指不可离开皮肤）。

功效： 增强额肌和降眉间肌的力量。

脸颊区

∞**预备姿势：** 坐式，两膝分开，同肩宽。

手法： 两手手指的指背分别在左右眉梢向颞部和耳垂推摩，再用同样手法从鼻翼和嘴角两旁向耳垂推摩，最后从颏部中央向颌骨角和耳垂推摩。

功效： 促进耳肌、枕肌、上唇方肌、三角肌和笑肌肌力。

脸颌区

∞**预备姿势：** 坐式，两膝分开，同肩宽。

手法： 两手拇指抵在颏部两侧，中指按在眼角下，用食指指腹从两眼内眦部沿鼻翼两侧向下，经过嘴角直向颏部推摩。

功效：提高鼻肌、上唇方肌、颧肌、笑肌和三角肌肌力。

头部按摩

∞**预备姿势：**坐式，两膝分开，同肩宽。

手法：①两手掌和指腹由前额经头顶部按摩到后颈至耳垂下方，再从头顶向两侧颞部按摩到耳区方向。②两手掌根紧贴两侧颞部，在耳后按摩到下颌角。操作时，动作应当协调、连贯。

功效：增强颞肌、耳上肌、咬肌和下唇方肌的力量；促进枕肌、耳后肌和颈肌肌力。

颈部按摩

∞**预备姿势：**坐式，左腿位于右膝上，左肘支撑在左大腿上，右臂平举，右手置于左肩上，左手掌托住右肘。

手法：①右手掌自颈部后方向左肩推摩，再用掌根从颈后向左肩按压（按压时，手掌或掌根按贴在按摩肌肤，缓和下压，用力宜均匀），两手交换按摩。②两手四指从颈后乳突区向颈后下部做螺旋形按摩。

功效：发展肩胛提肌、前斜角肌力量和增强头侧直肌、头前直肌肌力。

肩背部

　　如果从小坐姿不对，很容易导致驼背，而且很多教师在工作中长期久坐，会觉得驼着背舒服，但是，日积月累下来容易造成圆肩驼背，会让整个背部的厚度增加，显得整个人特别臃肿。常做下面一组训练动作，可改善含胸驼背，让背部变薄，减少背部赘肉。

伏地挺身

　　这是做背部训练经常用到的一个徒手训练动作。在做这个动作之前，我们需要保持一个俯卧姿势，身体完全放松、放平，俯卧在地上。然后慢慢将背部抬起来，尽可能让胸腔离开地面。在做这个动作的时候，要感觉到背部肌肉的压迫感，保持这个姿势，多坚持一会儿。

俯身跪姿延伸

　　保持俯身跪姿的姿势，把臀部尽量向后坐，身体尽量向前伸，感受一下背部的拉伸。

俯卧异侧同抬

　　保持俯卧姿势，将异侧的手部和腿部同时抬起。多做几遍。

弓步前倾拉伸

　　在保持前侧腿部弓步的同时，后侧腿部是伸直的，身体需要有一个向前的倾斜角度，这样就会让整个身体呈一条直线，再加上手部运动，让背部得到有效的拉伸。

腰部

腰为人体运动的枢纽，是保持人体直立功能的主要部位。人的一生，腰部大部分时间处于紧张状态，因而腰部极易劳损。通过腰骶部的养生保健，能够健腰强肾、疏通气血。

转胯运腰

取站立姿势，双手叉腰，拇指在前，其余四指在后，中指按在肾俞穴上，吸气时将胯由左向右摆动，呼气时由右向左摆动，一呼一吸为一次，可连续做 8 ~ 32 次。

旋腰健肾

端坐在椅子或方凳上，两脚分开与肩同宽，以腰椎为轴心做前俯、左旋、后伸、右旋的旋转运动，共 5 ~ 10 次。

俯仰健腰

取站立姿势，吸气时两手从体前上举，手心向下，一直举到头上方，手指尖朝上，呼气时弯腰，两手触地或脚，连续做 8 ~ 32 次。

站立小飞燕

一侧腿向前迈一步直立，同侧胳膊伸直上举，并向后用力，另一侧胳膊和腿同时向下伸直，并向后用力，后伸的下肢也可向后用力直至脚尖稍微离地则拉伸效果明显。

手部

手是身体中最灵活的肢体之一，经常活动手部，不仅活动筋骨，减少手指关节僵硬疼痛，而且还保健大脑，预防脑部衰老，降低痴呆症、脑卒中的发生概率。

旋转拇指

如果感到体力不足，可试着让拇指做 360° 旋转，必须让拇指的指尖尽量画圆形。起初也许会感到不顺，但反复练习几次以后，拇指就会有节奏地旋转，而且让人觉得心情舒畅。让拇指按顺时针及逆时针方向各旋转 1 ~ 2 分钟即可。

自我握手

这是一种最简单的养生方法。左右手掌靠拢在一起交替对握，关键在于右手拇指要有意识地用力抓住左手的小鱼际肌，左手拇指抓住右手的小鱼际肌。紧握 3 秒钟后双手分开。左右相互紧握 5 或 6 次。

手指交叉

当感到大脑反应迟钝、注意力不集中时，不妨把双手手指交叉地扭在一起。一只手拇指在上交叉一会儿后，再换成另一只手拇指在上。然后将手指尖朝向自己，并使双手腕的内侧尽量紧靠在一起。反复进行几次。

温风吹手

使用电吹风对手掌进行刺激，只花 3 ~ 4 分钟，就可取得保健效果。用电吹风向手掌送去温风，感到稍热时把电吹风移开，然后再靠近手掌吹风。这样反复进行 6 ~ 7 次，使整个手掌都被电吹风的温风刺激到。

腿部

俗话说"人老腿先老"。很多教师站久了就懒得动弹，运动缺乏，这就导致免疫力下降，身体越来越差。其实只要平时多用心做运动，就能保证腿部健康。

"干洗"腿

双手抱紧一侧大腿根，稍用力从大腿根向下按摩直至脚踝，再从脚踝按摩至大腿根。用同样的方法再按摩另一条腿。重复 10 ~ 20 遍。

这样做可使关节灵活，腿部肌力增强，也可预防小腿静脉曲张、下肢水肿及肌肉萎缩等。

揉腿肚

以两手掌紧扶小腿，旋转揉动，每次揉动 20 ~ 30 次，两腿交换揉动 6 次。

此法能疏通血脉，增加腿部力量，防治腿脚酸痛和乏力。

甩腿

手扶树或者扶墙先向前甩动小腿，使脚尖向上向前翘起，然后向后甩动，使脚尖用力向后压，脚面绷直，腿亦伸直。两腿轮换甩动，每次甩 80 ~ 100 下为宜。

此法可防半身不遂、下肢萎缩、小腿抽筋等。

扭膝

两足平行靠拢，屈膝微向下蹲，双手放在膝盖上，顺时针扭动数十次，然后再逆时针扭动。

此法能疏通血脉，治下肢乏力、膝关节疼痛等症。

2. 保证教师健康的条件

讲话用腹式呼吸保护咽喉

教师讲话时间长，累及咽喉和呼吸道，因此应向运动员和婴幼儿学习，采用腹式呼吸方式最科学。用声不要过长、过高、过累。平时大量喝水，多吃养阴清热、利咽的食物。如果经常需要不停地清嗓子才舒适，那就得去找医生检查一下，也许是反流性疾病、过敏症等疾病在作怪。

坚持吃早餐少得胆结石

许多教师因为时间紧、工作忙，往往忽略了早餐。长期不吃早餐，胃在没有食物的情况下照样蠕动，晚间所分泌的胃酸便会刺激胃壁，不但会损伤胃黏膜，还会因胆汁没有机会排出而造成胆固醇大量沉积，久而久之，很容易患胆结石。

多喝水可防口腔疾病

教师平日讲话较多，常会感到口干舌燥，造成口腔内唾液减少，唾液黏稠度增加，从而形成菌斑，导致口腔疾病发生。教师在工作之余要注意口腔保养，多喝水，保持唾液量，饮食不宜过酸或过冷，建议每年到医院做一次全面的口腔检查。

写字屏息减少粉尘吸入

多数老师还在使用传统粉笔，要避免粉尘对呼吸道的伤害，暂屏呼吸减少粉尘吸入，擦黑板时尽量远离。其次要加强锻炼，注意开窗通风，主动预防和及时治疗急性炎症及呼吸道疾病，一旦感冒、鼻塞、嗓子疼，要尽早到医院就诊。

3. 教师预防职业病要多吃四种食物

多食抗碱性食物

教师长时间站立讲课，下肢肌肉处于紧张状态，产生的乳酸在下肢积聚较多，会出现双腿沉重、酸胀等不适。故教师宜多食水果、蔬菜、豆类等碱性食物，以消除疲劳。服用大枣、麦冬、桂圆、人参熬成的汤，也有消除疲劳的作用。

多食益脑食物

教师是脑力劳动者，脑力劳动会消耗大量的能量，因此，宜适当补充富含氨基酸的食物，如鱼、牛奶、大豆及其制品，以保证精力充沛、思维敏捷。另外，吃含磷脂丰富的蛋黄、大豆、胡萝卜、鱼、肉等能增强大脑的功能，提高工作效率。

多食抗粉尘食物

教师在日常膳食中应适当多吃富含胡萝卜素的食物，如胡萝卜、木瓜、南瓜、西蓝花、菠菜、油桃、杏等。胡萝卜素是一种抗氧化剂，能有效预防尘肺病。此外，可适量食用能排尘的食物，如黑木耳、猪血，这两种食物可清除胃肠道中的粉尘，从而防止粉尘对消化道的危害。

多食利咽食物

很多教师患有慢性咽炎，应多吃具有清热解毒功能的蔬菜水果，如南瓜、丝瓜、芹菜、莲藕、雪梨、乌梅、莲子心等，对防治慢性咽喉炎有一定的作用。刺激性食物如辣椒、大蒜等则应少食，容易引起上火的油炸食物也不宜多吃。

4. 拒绝"二郎腿"

人们经常跷二郎腿，无非是因为这个姿势让人更加放松，而且可以缓解脚部肌肉。可是长期跷二郎腿会对身体产生一些不良影响。

造成腿部静脉曲张

翘起的腿长时间压着没有翘起的腿，会影响被压腿的血液循环，血流不畅就会升高被压腿静脉压力并使腿部静脉发生曲张，甚至诱发静脉炎。

形成O形腿

人们在跷二郎腿的时候，翘起的腿所受力不均匀且容易向内偏斜，会使膝关节内侧的压力增大并加重软骨磨损程度，由于膝关节外侧的韧带一直被强行牵拉，也容易出现松弛或错位的情况，最终使腿形发生改变，形成难看的O形腿。

诱发妇科疾病

女性最好不要有跷二郎腿的习惯，因为这个动作会升高大腿和女性生殖器官的温度，容易为细菌的繁殖和生长创造机会，从而提高了阴道炎等妇科疾病的发病率。另外，跷二郎腿时，女性盆腔附近的血流会明显减缓，容易诱发附件炎、盆腔炎或加重痛经。

损害男性健康

男性在跷二郎腿时，双腿夹紧会让大腿内侧以及生殖器官的温度升高，而高温会损伤睾丸生精能力或降低精子活力，有可能导致不育。

诱发心脑血管疾病

跷二郎腿是压迫人体血管的动作，长时间跷二郎腿会使腿部血流上行不畅，使回心血流量与回脑血流量大大减少或速度减慢，而心脏和大脑的供血异常也会增加心脑血管疾病的发生率。

引发关节炎

长时间跷二郎腿会增加膝盖的承受压力，还会使膝关节发生异常扭曲，容易加重软骨的磨损程度，而软骨营养不足容易诱发关节炎。

容易压迫神经

跷二郎腿时双腿是相互挤压的，最容易压迫到下肢神经，所以跷二郎腿过后会有腿部发麻的不适，可能短期内不会有太大的影响，但是股神经等下肢神经长期受到压迫，人就会出现无法直立行走的情况，医学上称之为"神经压迫症候群"。

导致脊椎变形

正常情况下脊椎应该是直立的状态，并且从侧面看会呈类 S 形状，而长期跷二郎腿会使人体脊椎受到压迫，由于受力不均而导致脊椎发生侧弯或变形成类 C 形状，甚至会使脊椎劳损并拉伤背部肌肉，严重时可导致直性脊柱炎或腰椎间盘突出。

所谓坐要有坐相，大家在坐着的时候要保持姿态端正且拒绝跷二郎腿，这不仅能让我们拥有良好体态，还能改善颈肩酸痛的不适。

5. 养好肺保健康

教师因为职业的关系，肺部很容易出现问题。肺部的健康对身体而言起着至关重要的作用，平时注意肺部的保养，才能让肺越来越好。

防寒保暖避免感冒

当人体受凉感冒时，呼吸道血管收缩，血液供应减少，局部抵抗力下降，病毒容易侵入。许多气管炎、肺炎是因感冒治疗不及时或者不彻底导致的，所以防寒保暖、避免感冒是预防冬季呼吸系统疾病的关键。平时应根据天气变化及时增减衣服，注意被褥厚度，防止受凉感冒；要保证充足的睡眠，尤其感冒后更要注意多休息，咳嗽厉害及发热要及时就医；大风、雾霾天等空气浑浊的情况下，尽量少出门，即使外出要戴好口罩，做好防护措施。

充足营养增强体质

充足合理的膳食营养摄入能够增强体质，体格强壮了，抗病能力就会增强。教师饮食上应以清淡易消化食物为主，避免辛辣刺激性食物。少食多餐、荤素搭配可以提高营养的吸收率。可多吃滋阴润肺的食物，如银耳、百合、莲子、梨、蜂蜜等；多吃含维生素 A 及含胡萝卜素丰富的食物，如鸡蛋、肝、鱼类、胡萝卜、绿色叶菜等。

同时还要多喝水。肺脏是与外界直接接触的器官，若空气较为干燥，人体通过呼吸容易丢失大量水分，肺黏膜可能会出现干燥的情况，这样会导致屏障能力降低，容易患上呼吸系统疾病。多喝水是补充体内水分最有效的办法，养好肺，喝水必不可少。

注意卫生，规避感染

呼吸道传染病的主要传播途径是飞沫传染，也有分泌物传染如痰液或接触性传染，为此，注意卫生对规避感染尤显重要。要做到勤洗手，因为呼吸道传染病患者的呼吸道分泌物有可能通过接触传染。咳嗽、打喷嚏时捂住口鼻，防止污染空气。尽量少到拥挤的公共场所，同时要戒烟限酒，香烟的烟雾能使支气管上皮受损，纤毛脱落，导致肺的防御功能降低，加重呼吸道感染，诱发急性发作。经常饮酒也会刺激呼吸道，生湿积痰，使病情加重。

耐寒锻炼提升免疫力

平时应加强身体的耐寒锻炼，以适应外界气候的变化，增强自身的免疫力，如散步、慢跑、做广播操、打太极拳、骑自行车等均为不错的办法。但不管采用哪种方式方法，都应"因人而异、循序渐进、量力而行、持之以恒"。同时，适当休息避免过度劳累、生活规律、保证充足的睡眠、减少心理压力，也可提高机体抵御疾病的能力。

敷贴按摩养肺护肺

中医认为，气候寒冷，人体肌肤腠理不固，卫外功能不全，故很容易患呼吸道疾病。而人与自然是一个相互统一的整体，防治疾病顺应天气和时节变化，将收到事半功倍的效果。依据中医"天人相应"的理论，在冬天采用白芥子、延胡索、甘遂、细辛、肉桂等中药研细，调成糊状，贴于天突、膻中、肺俞等特定穴位上，可以祛除寒邪、扶助正气，提高人体对气候变化的适应能力，从而达到防病治病的目的。另外，按摩大杼穴、风门穴、肺俞穴，也可以预防呼吸道系统疾病。大杼穴、风门穴、肺俞穴分别位于脊柱两旁第一胸椎、第二胸椎和第三胸椎旁开 1.5 寸，左右两边各一个。由于这三对穴位在后背上，操作时需要他人帮助，被按者坐着或趴着均可，每天一次，每次时间以 15 ~ 20 分钟为宜。按压时，力度适中偏大，以局部酸胀发红为度。

6. 眼保健操不能停

眼保健操是一种眼睛保健体操，主要是通过按摩眼部穴位来调整眼及头部的血液循环，以达到调节肌肉、改善眼疲劳、预防近视等眼部疾病的目的。研究表明，眼保健操是根据祖国医学推拿、经络理论，结合体育医疗综合而成的按摩法。它通过对眼部周围穴位的按摩，使眼内气血通畅，改善神经营养，以达到消除睫状肌紧张或痉挛的目的。实践表明，眼保健操同用眼卫生相结合，可以控制近视眼的新发病例，起到保护视力、防治近视的作用。

通用版眼保健操

眼保健操必须经常操练，做到动作准确，并持之以恒。一般每天可做 2 次，上下午各 1 次。眼保健操经过简化有以下四节。

第一节 揉天应穴（攒竹下三分）

以左右拇指螺纹面接左右眉头下面的上眶角处。其他四指散开弯曲如弓状，支在前额上，按揉面不要大。

第二节 挤按睛明穴

以左手或右手拇指按鼻根部，先向下按，然后向上挤。

第三节 按揉四白穴

先以左右食指与中指并拢，放在靠近鼻翼两侧，拇指支撑在下颌骨凹陷处，然后放下中指，在面颊中央按揉。注意对准穴位，按揉面不要太大。

第四节 按太阳穴、轮刮眼眶（太阳、攒竹、鱼腰、丝竹空、瞳子髎、承泣等）

拳起四指，以左右拇指螺纹面按住太阳穴，以左右食指第二节内侧面轮刮眼眶上下一圈，上侧从眉头开始，到眉梢为止，下面从内眼角起至外眼角止，先上后下，轮刮上下一圈。

眼保健操总要领

指甲短，手洁净。遵要求，神入静。穴位准，手法正。力适度，酸胀疼。合拍节，不乱行。前四节，闭眼睛。后两节，双目睁。眼红肿，操暂停。脸生疖，禁忌证。做眼操，贵在恒。走形式，难见功。

中医版眼保健操

中医眼部按摩一：捂眼

先闭紧双眼数到8，再放松眼部数到8，然后睁大眼睛，保持8秒钟。重复3次。闭上眼睛，手掌半握扣在眼睛上，要当心不要碰到眼球，通过想象黑暗来放松眼睛。

中医眼部按摩二：眼睛直视

身体坐直，保持头部不动，右臂向前尽力伸展，手心向上，食指伸出并向上直立，然后运动小臂用手指指向鼻子，两眼跟着手臂和手指运动，在食指接触鼻子的过程中，眼睛要一直盯住食指。最后手臂和手指回到开始位置，眼睛跟着恢复原位。开始时每天做6次，逐渐增加到每天10～12次。

7. 女教师美容养颜自我保健

舒缓肌肤

压力造成的肌肤问题，让很多女教师头疼不已，这就需要有舒缓肌肤的方法来应对。

第1步：减轻压力

用拇指指尖轻轻压按眉心上方，连续不断3秒钟后放开，然后对眼眉至发际线间区域反反复复施行自下而上的按捏动作。

第2步：消除焦虑

用食指轻轻压按神庭穴，连续不断3秒钟后放开。

第3步：绝对放松

用食指轻轻压按内眼角区域，连续不断3秒钟后放开。

第4步：增进微循环

从下巴两边开始，用食指和中指以画圆圈的动作轻轻按揉整个面颊，直到神庭穴处，以增进面部的血液运行，加强肌肤的弹性，可按捏60秒钟左右。

第5步：加强肌肤弹性

用手掌轻轻拍打面部，从上而下，从下而上，使肉皮遭受微小的震荡，可轻轻拍打数十次。此法可维持皮肤的红润光泽，增加其弹性。

第6步：加强舒服安逸感

掌心轻轻压按脸颊，逐层向外按揉至耳部。耳垂后向下陷进去处被称为"腮腺"，此处最容易堆积老旧废物，用中指压按，而后捋着颈项的筋向下按揉。

眼袋按摩

随着年龄的增长，人体会发生各种各样的变化，比如皮肤变得松弛，长皱纹、眼袋，看起来很显老。虽然人体衰老是不可避免的，但是采取一些简单的按摩手法，可减轻或消除眼袋。

①将双手焐热，或者相互搓热，然后双手手掌按在双眼处，按一会儿，放下，再按一会儿，再放下，连续按20～30次，这样可以促进眼部的血液循环，缓解眼部的疲劳，有利于消除眼袋。

②将手指甲剪尽，用无名指的指肚轻轻拍打眼袋处，每次拍1分钟，拍时可涂点眼霜。眼睛周围有很多穴位，四白穴、承泣穴、瞳子髎、睛明穴、攒竹穴、鱼腰穴，打通这些穴位，便能减轻甚至消除眼袋。

③用无名指轻轻按揉四白穴、承泣穴，这两个穴位刚好在眼袋这边，可以一上一下点按，也可轻轻打转按摩。

④用手指的关节轻轻刮拭眉毛处，从内而外。在眉毛处有攒竹穴、鱼腰穴、丝竹空穴，轻轻地一刮拭，就可将这几个穴位全都按摩到了。

⑤有眼袋说明脾虚，有黑眼圈说明肾虚，所以除了按摩眼部的穴位外，还要补脾补肾，补脾的方法也有不少，可吃山药薏米芡实粉，还可按摩脾经，特别是太白穴。

按摩是一种方法，除了按摩外，还要注意保持充足的睡眠，睡眠是最好的良药，不管怎样，熬夜只会加重黑眼圈和眼袋。

按摩淋巴瘦脸

淋巴循环欠佳，会影响身体的排毒功能，容易产生毒素积聚体内与水肿问题。睡前按摩淋巴，可以引导身体排出多余毒素和水分，不仅美容养颜，而且还可以加速分解脂肪，让你睡醒后发现水肿不再，也会感觉身体轻盈些。

淋巴的位置主要集中在股沟和脖子上，因此可以在这两处地方用一定的力度按摩3～5分钟。

PART

4

良好的环境，为健康保驾护航

1. 注意粉笔灰的危害

教师常常在黑板上书写、绘图进行讲解，在 45 ~ 50 分钟的一节课里，要擦写数次，下课时，手上、袖子上，甚至头发、肩膀上往往都留下一层白色粉笔灰。天天如此，年复一年，工作 20 ~ 30 年，消磨了数以万计的粉笔，不可避免地从鼻孔吸入一些粉笔灰。吸入的粉笔灰是否致病，是广大教师极为关切的问题。

对肺的危害

粉尘对教师身体的危害，以肺最为常见。在教学过程中，粉笔灰很容易被吸入肺，多数被阻留在肺泡内，经过一系列的刺激、化学和免疫的作用便可造成肺部损害，包括呼吸系统炎症和肺通气功能下降，常见的肺部疾病有：慢性、急性肺炎，肺癌，尘肺病等（即粉笔粉尘中含有二氧化硅，被吸入肺部，在肺部游离的二氧化硅含量在 1% 以上形成肺纤维化的粉尘，从而使肺泡纤维化，导致肺部呼吸功能下降）。

对上呼吸道的危害

粉笔粉尘进入肺的途径是通过上呼吸道，包括鼻、咽、支气管，在这一过程中，部分粉尘会停留于上呼吸道，对呼吸道黏膜上皮细胞产生机械刺激和损坏，长期在这种环境下工作，会引起一系列的病变，其中对鼻的影响最常见的是诱发干燥性鼻炎，其次是肥厚性鼻炎，症状为鼻腔干燥、鼻塞、鼻腔黏膜充血、分泌物增多等；对咽的影响主要是诱发慢性咽炎，使咽部干燥，咳痰不爽、咽痛咽痒；对支气管的影响主要是诱发慢性支气管炎，有时还会引发哮喘，另外还有可能引起鼻咽、支气管等部分的癌变。

对眼睛的危害

眼睛是人体器官中最精密、最易受损的器官之一，粉笔粉尘的主要成分碳酸钙、氧化钙等是水溶性物质，容易溶解于水，并产生碱性物质。教师在教学过程中，若粉笔粉尘落入眼中，刺激泪腺分泌，眼泪水解碳酸钙而产生碱性物质，就会严重刺激眼部黏膜，造成黏膜损伤，形成慢性炎症，还可能导致近视。

对皮肤的危害

教师在教学过程中，粉笔粉尘不可避免地会沾在手上，同时飘浮于空气中的颗粒粉尘也会落在教师的头发、脸和脖子上。粉笔粉尘对皮肤有刺激作用，如果暑天遇汗水解，产生碱性物质，对皮肤黏膜的刺激就更大。因为人体皮肤所生存的环境为弱酸性环境，粉尘碱性作用破坏了皮肤的基本生存环境，使皮肤变得干燥、粗糙，并伴有瘙痒感觉，使人体不适，严重者会引起粉刺、毛囊炎、脓皮病、皮肤皲裂和大量毛发脱落，影响和干扰了教师的正常工作和生活。

谨防出现"粉笔手"

虽然现在教学科技化了，有幻灯片教学，然而粉笔仍是教学工作中必不可少的工具。如果手部保护不当，长时间接触粉笔的手指的皮肤会变得粗糙、干燥，指尖甚至出现皲裂、流血、疼痛等症状，这便是"粉笔手"。

为了预防"粉笔手"，用完粉笔后要及时洗手，洗去粉笔末，之后再涂上凡士林油来滋润肌肤；也可以将家庭常用的塑胶手套中手指部分剪下戴在手指上，这样可以阻断粉笔与手指皮肤的接触。平时还应注意补充维生素，多吃胡萝卜、木瓜、南瓜、西蓝花、菠菜、油桃、杏等食物。

2. 谨防实验室污染

实验室安全注意事项

①进入实验室开始工作前应了解煤气总阀门、水阀门及电闸所在处。离开实验室时，一定要将室内检查一遍，应将水、电、煤气的开关关好，门窗锁好。

②使用煤气灯时，应先将火柴点燃，一手执火柴紧靠近灯口，一手慢开煤气阀门。不能先开煤气阀门，后燃火柴。灯焰大小和火力强弱应根据实验的需要来调节。用火时，应做到火着人在，人走火灭。

③使用电器设备时，严防触电。切不可用湿手开关电闸和电器开关。应该用试电笔检查电器设备是否漏电，凡是漏电的仪器一律不能使用。

④使用浓酸、浓碱，必须极为小心地操作，防止溅出。用移液管量取这些试剂时，必须使用橡皮球，绝对不能用口吸取。若不慎溅在实验台上或地面，必须及时用湿抹布擦洗干净。如果触及皮肤应立即治疗。

⑤使用可燃物，特别是易燃物（如乙醚、丙酮、乙醇、苯、金属钠等）时，应特别小心。不要大量放在桌上，更不要靠近火焰。只有在远离火源时，或将火焰熄灭后，才可大量倾倒易燃液体。低沸点的有机溶剂不准在火上直接加热，只能在水浴上利用回流冷凝管加热或蒸馏。

⑥用油浴操作时，应小心加热，不断用温度计测量，不要使温度超过油的燃烧温度。

⑦易燃和易爆炸物质的残渣（如金属钠、白磷、火柴头）不得倒入污物桶或水槽中，应收集在指定的容器内。

⑧废液，特别是强酸和强碱不能直接倒在水槽中，应先稀释，然后倒入水槽，再用大量自来水冲洗水槽及下水道。

危险物质的使用处理及注意事项

危险物质，是指具有着火、爆炸或中毒危险的物质。使用这类物质的时候应该特别小心，注意以下事项：

①使用危险物质前，要充分了解所使用物质的性状，特别是着火、爆炸及中毒的危险性。

②贮藏。通常，危险物质要避免阳光照射，应贮藏于阴凉的地方。注意不要混入异物，并且必须与火源或热源隔开。实验室冰箱和超低温冰箱使用注意事项：定期除霜、清理，清理后要对内表面进行消毒；储存的所有容器，应当标明物品名称、储存日期和储存者姓名；除非有防爆措施，否则冰箱内不能放置易燃易爆化学品溶液，冰箱门上应注明这一点。

③在使用危险物质之前，必须预先考虑到发生灾害事故时的防护手段，并做好周密的准备。使用有火灾或爆炸危险的物质时，要准备好防护面具、耐热防护衣及灭火器材等；对于毒性物质，则要准备橡皮手套、防毒面具及防毒衣之类用具。

④在情况允许下，尽可能少用或不用危险物质。并且，对不了解性能的物质，需进行预备试验。

⑤对于有毒药品及含有毒物的废弃物，使用完毕后进行适宜的处理，避免污染水质和大气。

以下是实验室易出事故物质的三大分类：

①着火性物质。具有着火危险的物质非常多，通常有因加热、撞击而着火的物质，也有由于相互接触、混合而着火的物质，比如强氧化性物质、强酸性物质、低温着火性物质、自然物质、禁水性物质等。

②易燃性物质。可燃物的危险性，大致可根据其燃点加以判断，燃点越低，危险性就越大。但是，即使燃点较高的物质，当加热到其燃点以上的温度时，也是危险的。据报道，由此种情况引发的事故特别多，因此必须加以注意。

③爆炸性物质。爆炸有两种情况：一是可燃性气体与空气混合，达到其爆炸界限浓度时着火而发生燃烧爆炸；一是易于分解的物质，由于加热或撞击而分解，产生突然气化的分解爆炸。

3. 远离"二手烟"的毒害

如今人们的健康意识越来越强，二手烟对身体的危害也逐渐引起人们的重视。二手烟也就是自己并不抽烟但是却被动吸入烟雾的一种情况。教师很有必要了解二手烟对心血管造成的危害，同时要掌握回避这种危害的方法。

二手烟的危害物质

二手烟中含有 4000 多种有害物质，还有十几种致癌物质，也正是因为这些有害物质，血管才会出现急性或者亚急性伤害。二手烟会导致内皮功能异常，同时还可以加速血管收缩，导致心律失常以及血脂异常，还容易形成血栓。

尼古丁

尼古丁是一种致癌物质，进入人体之后会抑制胰岛素抵抗，导致血脂异常，也会引起身体出现血流动力改变。

巴豆醛

二手烟中还有巴豆醛这种物质，这也是一种致癌物质，进入血液中会引起动脉粥样硬化，还会刺激促进血栓形成。对于形成的血栓还会诱发斑块不稳定，对心脑血管产生较大的伤害。

丙烯醛

丙烯醛也存在于二手烟当中，进入人体之后会引起一系列的氧化反应，而这种反应会导致"三高"症，还会导致血栓以及心律失常，对健康的危害是非常大的。

重金属

二手烟中含有一定量的重金属，这些物质进入身体之后会导致心血管出现粥样斑块，从而导致血压升高。

颗粒物质

二手烟中含有一定量的颗粒物质，这些物质会导致身体出现心律失常的现象，也可能引发心血管疾病。

预防二手烟危害

不在家里抽烟

在家里抽烟也就意味着全家都会跟着抽烟。若家里有人抽烟，首先要劝其戒烟，如果不成功，要让对方到露天空旷的地方抽烟。

多开窗透气

在有些场所，有人抽烟时直接不方便离开，那么就尽量开窗，增加空气的流通，这样也可以降低二手烟对身体的伤害。

直接提醒抽烟人

在公共区域内，本身环境就比较差，如果周围有孩子，还会影响到孩子的健康成长。在这种情况下，可以直接提醒周围人不要抽烟。

远离烟民

如果发现自己周围有烟民，在可以允许的范围之内逃离这个区域，尽量站在上风位置，以阻止二手烟对身体的伤害。

摆放绿植

①仙人掌。仙人掌被人们称为"夜间氧吧"，它可以吸收空气中的二氧化碳，释放少量的氧气，最主要的是还能吸附灰尘颗粒，净化空气。如果家里或者办公室有人吸烟，那么摆放一盆仙人掌绝对是首选。

②吊兰。吊兰可以把空气中的一氧化碳、过氧化氮等气体输送到植物根部，然后经过转化成为养料再被吸收。吊兰不仅可以净化二手烟，还能吸附有毒气体。如果家里或者办公室有人吸烟，摆上一盆吊兰是非常明智的选择。

4. 谨防电脑辐射

电脑辐射主要是指电磁辐射，电磁辐射通常以热效应、非热效应和刺激对机体产生生物作用。其实凡是用电的日常家用设备都会产生电磁辐射，对人体有无危害，主要是看辐射能量的大小。

脱发

电脑辐射不是导致脱发的头号因素，长时间使用电脑才是导致脱发的关键所在。使用电脑时精神高度集中，时间过长大脑兴奋度会增高，内分泌会发生紊乱，与毛囊相连的皮脂腺分泌过盛会导致毛囊栓塞，头发的营养供应出现障碍，发质会变脆，头发便会脱落。对于轻微脱发，可以通过减少电脑的使用时间和调节生活方式来缓解。

伤害眼睛

液晶显示器在解决屏闪以及发光质量等方面比传统 CRT 显示器有着明显的优势。不过，虽然液晶显示屏比普通显示屏的辐射小得多，但因为它的亮度过高，反而更容易使我们的眼睛变得疲倦，甚至可能导致头痛等症状。液晶显示屏为了增加清晰度，除了靠屏幕背后的光管提高亮度外，还普遍使用了"擦亮技术"使显示屏表面看起来像装了块玻璃一样，显得很有质感，而且还提高了屏幕的色彩对比度及饱和度。长期使用这种显示屏，眼睛很容易被光线"刺伤"，并产生眼睛疲倦的症状，慢慢地还会引起视力下降和头痛等问题。

这些"不合适的光"持续照射我们的眼睛，会引起视觉功能失调，尤其是 LED 灯、电脑屏幕等发出的光，里面含有大量不规则频率的高能短波蓝光，这些短波蓝光具有极高能量，能够穿透晶状体直达视网膜。蓝光照射视网膜会产生自由基，而这些自由基会导致视网膜色素上皮细胞衰亡，上皮细胞的衰亡会导致光敏细胞缺少养分从而引起视力损伤。

如何预防

①避免长时间连续操作电脑，注意休息。要保持适当的姿势，眼睛与屏幕的距离应在 40 ～ 50 厘米，使双眼平视或轻度向下注视荧光屏。

②室内要保持良好的工作环境，如舒适的温度、清洁的空气、合适的阴离子浓度和臭氧浓度等。电脑室内光线要适宜，不可过亮或过暗，避免光线直接照射在荧光屏上而产生干扰光线。工作室要保持通风干爽。

③电脑的荧光屏上要使用滤色镜，以减轻视疲劳。最好使用玻璃或高质量的塑料滤光器。

④注意保持皮肤清洁。电脑荧光屏表面存在着大量静电，其集聚的灰尘可转射到脸部和手部皮肤裸露处，时间久了，易发生斑疹、色素沉着，严重者甚至会引起皮肤病变等。

⑤注意补充营养。电脑操作者在荧光屏前工作时间过长，视网膜上的视紫红质会被消耗掉，而视紫红质主要由维生素A合成。因此，电脑操作者应多吃胡萝卜、白菜、豆芽、豆腐、红枣、橘子以及牛奶、鸡蛋、动物肝脏、瘦肉等食物，以补充人体所需的维生素 A 和蛋白质。

⑥电脑摆放位置很重要。尽量别让屏幕的背面朝着有人的地方，因为电脑辐射最强的是背面，其次为左右两侧，屏幕的正面辐射最弱。

⑦使用电脑时，要调整好屏幕的亮度，屏幕亮度越大，电磁辐射越强，反之越小。也不能调得太暗，以免因亮度太低而影响效果，且易造成眼睛疲劳。

PART

5

常运动，为健康注入活力

1. 教师日常运动常识

教师工作繁忙，但再忙也要抽时间运动。教师在紧张的课间，花几分钟伸伸腰、踢踢腿，既可以消除疲劳，又能活血提神。另外，教师工作压力大，空闲时或节假日可以多运动，散步、快走、慢跑、骑车、游泳、登山、打太极拳等运动有利于缓解压力，消除抑郁和焦虑情绪，对教师的身心有很好的调节作用。

最佳运动时间

对于健康而言，无论从什么年龄开始运动都有效，有时间多锻炼，没时间少锻炼，只要动起来就好。

运动锻炼的时间和内容十分重要。运动的适宜时间是饭后两小时，此时运动可以消耗摄取的能量。但是，饭后的短时间内应避免运动。因为，第一，刺激肠胃：吃饱饭后进行运动，会给肠胃带来机械性刺激，使肠胃内容物左右、上下震动，可能引发呕吐、胃痉挛等症状。第二，血流分配紊乱：吃饱饭后消化器官需要大量血液消化吸收，当全身肌肉在运动时，也需要大量血液参与，于是就会夺取消化器官的血液量，导致消化吸收功能紊乱，这种紊乱既影响运动效果又危害机体。第三，影响运动效果：人体进食后体内副交感神经易受到抑制，此时机体若进行锻炼，运动效果会打折扣；另外，饭后胰岛素分泌上升，可抑制脂肪的分解，能量的来源就受到限制，由于脂肪分解少，减肥运动也不宜在这时进行。

据此可以推出几个最优运动时间段：高强度运动可在饭后两小时进行；中度运动应该安排在饭后一小时进行；轻度运动则在饭后半小时进行最合理。

其实，各时段运动都有利弊，如早晨时段，人体进行剧烈运动时，可促使交感神经兴奋，这种急速变化可使机体产生一系列变化，并影响全天精神状态，对健康有害。另外，这个时段血糖正处于低水平，运动会消耗大量的血糖，容易导

致低血糖。而在上下午时段运动则又受上班、工作、家务等客观因素的影响。不过，总的来说，锻炼的时间还是在每天下午的 4 ～ 6 时为宜，黄昏 7 ～ 8 时最佳。下午 4 ～ 6 时，此时人体处于最佳状态，精力较旺盛，运动后即可以从晚饭和睡眠中获得必需的营养和充分的休息，有利于增强体质。但是切记不可饭后立刻运动，也不可饭后剧烈运动。运动前后应有 10 ～ 15 分钟的准备和整理活动。每次运动的时间不应少于 30 分钟。另外，运动还应尽量避开中午温度最高和半夜湿度最大的时刻。所以，我们提倡傍晚锻炼，如果在晚间时段要注意运动强度，强度过高会使交感神经兴奋，妨碍入睡。

锻炼的内容以自然化、兴趣化的慢性运动为主，如散步、慢跑、玩球、跳绳、游戏等户外活动。因为慢性运动是有氧运动，有利于减少皮下脂肪的数量、缩小皮下脂肪的体积，慢性运动适应消化和循环特点，降低血脂效果最佳。

有氧运动消耗脂肪

有资料表明，运动所能消耗的血浆中的三酰甘油的数量是极为有限的，但是运动疗法的确可以降低血中的三酰甘油和总胆固醇含量，并可升高血液中高密度脂蛋白的水平。至于运动疗法为什么能有这样的作用目前研究并不多，可能在于慢性的、长期的运动能使机体在新的条件下达到新的稳态，从而使机体的自我调节能力增强，包括对血脂的自我调节能力也随之增强。

运动能够增加体内能量消耗，如走路、跑步或游泳的能量消耗是静坐的几倍到几十倍。研究数据表明，当体力活动消耗达到每天 239 千卡或每周 1313 ～ 1673 千卡时，运动后不再加餐摄入额外热量，就能使体重减轻，脂肪减少。有氧运动所消耗的能量是由体内储备糖和脂肪氧化供应，与其他运动形式相比，进行中小强度有氧运动可以消耗最大量脂肪。

长期进行中小强度运动还能为我们带来许多的健康效益：增强肺活量，控制高血压（可降低收缩血压约 10 毫米汞柱），调整脂肪代谢，防止动脉硬化。而且，运动还对预防糖尿病有所帮助，运动可以加强骨骼肌肉的脂代谢和糖代谢，稳定血糖和胰岛素水平。

运动开始阶段的能量主要来自血糖的分解，到运动后期才开始动用体内脂肪，所以要达到健身防病的效果，最佳运动量应为每天30～60分钟的中等强度活动，能量消耗在150～400千卡之间，将同样的运动量分成3次，每次十几分钟也可以。

虽然有氧运动在降脂减肥方面有很好的效果，但是，对于患有高脂血症的教师而言，也应做到以下几点：

①体育锻炼应循序渐进、持之以恒地进行，绝不能断断续续，操之过急，以免超出自己的适应能力而加重心脏负担，亦起不到降脂的作用。

②对于患有老年高脂血症者，除采用活动量较小的散步、医疗步行、慢跑、登梯、爬山、跳绳、打乒乓球等有氧运动外，还可以进行"繁重"的家务劳动，以达到一定程度的热能消耗，也能起到一定的防治高脂血症的作用。

③一般可采用全身性有氧活动的运动方式，如散步（医疗步行）、慢跑（短跑或长跑）、跳舞、跳绳、登梯、爬山、游泳、骑自行车、打乒乓球、打网球、打羽毛球、打门球、打保龄球以及其他球类运动。这些则可根据自身情况，适当选用。

④对于患有轻度高血压病、糖尿病和无症状性冠心病者，可在医生的指导下适当进行体育锻炼。对于具有急性期心肌梗死、不稳定型心绞痛、严重的室性和室上性心律失常、充血性心力衰竭、重度高血压、严重糖尿病、肝肾功能不全的高脂血症患者，应禁止体育运动。一般的高脂血症患者进行适量运动可预防动脉粥样硬化的发生，原因是运动能提高体内高密度脂蛋白，但要注意运动量应逐渐增加，并持之以恒。

⑤在进行体育锻炼前必须进行全面的体格检查，以防引起可能发生的病变，并以此来确定适合自己的运动量。而每个高脂血症患者运动量的大小，以不发生心悸、呼吸困难等主观症状为宜，掌握这点十分重要。

运动过度的十大身体信号

胸部大汗

汗为心之液，前胸大汗，如伴有心慌、气短，那就有可能是运动过度、心脏受到影响的信号，应立即停止剧烈运动。

头晕心慌，眼前发黑

出现头晕心慌、眼前发黑的症状是心、脑供血不良的信号，应立即停止运动，坐下休息，降低头部位置，以保证脑部供血。

恶心呕吐

恶心呕吐是运动过度的先兆，应停止运动。

腰酸尿多

腰为肾之府，尿增多，尤其是夜尿多，是肾虚的表现，应减少运动量。

神疲无力

运动后出现神疲无力的现象要考虑肝脏受损，中医认为，肝为"罢极之本"，有肝病的人应减少运动量。

喘息气粗

出现喘息气粗的现象是肺受损的信号，因为肺主气、司呼吸，肺气受损则气粗，肺气虚则喘息无制。

四肢无力

四肢无力是脾受损的信号，因为脾主四肢肌肉，如伴有胃胀不适就更应减少运动量。

神情抑郁

神情抑郁是肝胆受损的信号，肝胆两虚的人，受损则肝气不能条达。

失眠梦多

失眠梦多是心阴受损的信号，必须减少运动量。

遗精带下

遗精带下是肾阴受损的信号，因为肾司二阴，运动过度则可能出现肾虚不固而遗精带下的现象，应调整运动量。

运动的注意事项

血脂异常人群应在运动处方的指导下科学地进行运动健身，选择合适的运动方式是获得良好锻炼效果的前提。能够改善身体功能的运动方式有许多种，如走跑锻炼、打乒乓球、打羽毛球、打柔力球、游泳、骑自行车、跳交谊舞、跳绳、打太极拳、扭秧歌、登山、力量训练等，但它们并非都能使血脂异常得到有效改善。其中，走跑锻炼是改善血脂异常的一种有效运动，可作为首选的调脂运动方式。走跑锻炼的形式包括走或跑，其动作要求为：抬头挺胸收腹，双眼平视，肩部放松，肘部弯曲约90°，并随走跑节奏前后摆动。

①运动强度要合理

血脂异常人群要通过锻炼获得较好的调脂效果，必须注意采用合适的运动强度。运动强度过小，收不到锻炼效果；运动强度过大，可能会诱发心脏病，甚至出现意外事故。所以在制定运动处方时，一定要确定合理的运动强度。进行走跑锻炼时，运动强度并不是影响血脂异常改善效果的主要因素，低强度的走跑锻炼就可收到较好的改善血脂异常的作用，而中等强度的走跑锻炼并不能带来更多的有益性改变。每次锻炼的持续时间比运动强度更为重要，较为全面的血脂状况改善要在较长的锻炼周期（6个月）后才能出现。因此，锻炼要持之以恒。根据研究，走跑锻炼的运动强度为最大心率的50%～60%。

②运动时间要适量

根据研究，每次锻炼的有效运动时间应达到 30 ～ 60 分钟，锻炼前应有 5 ～ 10 分钟的准备活动，锻炼后应有 5 ～ 10 分钟的整理活动。准备活动可以改善关节的活动幅度，降低肌肉韧带的黏滞性，提高心肺功能以适应将要开始的运动；整理活动则有助于调整心率和血压恢复到接近安静时的水平，促进疲劳的消除。

每次锻炼的有效运动时间达到 30 分钟，即可起到有效改善血脂异常的作用，达到 60 分钟则效果更好。故建议血脂异常患者在按上述运动处方锻炼时，在身体能够承受的情况下，适当加长运动时间，以获得更好的血脂改善效果。

③运动频率要均匀

一般情况下，建议每天锻炼 1 次，每周锻炼 5 天。中老年人由于机体代谢水平降低，疲劳后恢复的时间延长，因此，运动频率可视情况增减。

另外，感冒时最好不要运动；锻炼过程中，如果出现胸闷、头晕等不适症状，应减慢速度，逐渐停下来；雨天、雪天锻炼时应注意减小步伐，减慢速度，防止

因滑倒而受伤；夏季锻炼出汗多，需要注意水分和盐分的补充。锻炼后可少量多次喝些淡盐水和低糖水，以防止身体因缺乏矿物质而发生抽筋。

④其他

健康者、无严重并发症的高脂血症患者、低 HDL - 胆固醇血症患者均可参加一般体育锻炼。合并有轻度高血压、糖尿病和无症状性冠心病及肥胖的患者，可在医生指导下进行适量的运动。高脂血症患者合并下列疾病时禁止运动：急性心肌梗死急性期；不稳定型心绞痛；充血性心力衰竭；严重的室性和室上性心律失常；重度高血压；严重糖尿病；肝、肾功能不全。

高脂血症患者合并下列疾病时应尽量减少运动量，并在医疗监护下进行运动：频发室性早搏和心房颤动；室壁瘤；肥厚型梗阻性心肌病、扩张型心肌病和明显的心脏肥大；未能控制的糖尿病；甲状腺功能亢进；肝、肾功能损害。

高脂血症患者合并完全性房室传导阻滞、左束支传导阻滞、安装固定频率起搏器、劳力型心绞痛、严重贫血、严重肥胖以及应用洋地黄或 β - 受体阻滞剂等药物时也应该谨慎地进行运动。

体育锻炼应采取循序渐进的方式，不应操之过急，不能超出自己的适应能力，否则会加重心脏负担。运动量的大小以不发生主观症状（如心悸、呼吸困难或心绞痛等）为原则。

运动疗法必须有足够的运动量并持之以恒。轻微而短暂的运动对高脂血症、低 HDL - 胆固醇血症以及肥胖患者不能达到治疗的目的。只有达到一定运动量，对血清脂质才能产生有益的作用并减轻肥胖患者的体重。

2. 适合教师的运动方式

散步

外国有句名言："腾不出时间运动的人，早晚会被迫腾出时间生病。"运动、阳光、空气与水，是生命的四大基石。运动可以使身体的心肺、血液、消化、内分泌系统得到锻炼，对外界的反应更加灵敏，使全身肌肉、骨骼强壮，陶冶情操，回归自然。

1992 年，世界卫生组织（WHO）提出：最好的运动是步行。这是因为人是直立行走的，人类的生理与解剖结构最适合步行。美国最新研究表明，适当有效的步行可以明显降低血脂，预防动脉粥样硬化，防治冠心病。

步行是唯一能终身坚持的锻炼方式，并且是一种安全的、适量的运动。有规律的步行还能降低血压，促进心脏冠状动脉血流的畅通，增加血液中高密度脂蛋白胆固醇的含量，缓解疼痛，增强腿力，预防骨质疏松症。步行还能促进全身血液循环，改善大脑与植物神经功能，提高智力水平，预防阿尔茨海默病。

散步不是一般的走路，而是有要求的。散步前应该全身心放松，适当地活动一下肢体，调匀呼吸，使呼吸平静而和缓，然后再从容展步，否则就达不到散步锻炼的目的。

散步的准备工作

①**端正姿势：**头正平视，收腹缩臀，双脚平行，脚尖朝前，步幅均匀，步态稳健，手臂适度摆动，或用力前后摆动，以增进肩和胸廓的活动，这对有呼吸系统慢性病者尤为适用。消化不良者可一边行走一边按摩腹部，以促进胃液分泌和胃的排空。

②**掌握呼吸：** 呼吸应采用吸气鼓腹、呼气收腹的方法，呼气应均匀缓慢，比吸气时间长。老年人和心血管病患者开始时不宜走得太快，如心跳过快、呼吸困难，应放慢速度，过一段时间再逐渐加快步伐。

③**选择步频：** 慢步是步频缓慢，步幅不大的步行，行走稳健，每分钟60～70步，适合于一般自我保健，对于老年体弱者来说是不错的选择。快步是步频稍快，步幅也不太大的步行，每分钟120步左右，这种散步比较轻快，可振奋精神，兴奋大脑，能使腿肌增加力量，一般以7天为一个阶段，应根据自我感觉和脉搏来决定是否转入下一个阶段，不可操之过急。还有一种比较自由的逍遥步，时快时慢，且走且停，行走一段路程后可以休息，继而再走。

④**散步时间：** 应尽量避开每天空气污染高峰，即太阳升、落前后1小时左右。注意不要在污染严重的工业区散步。

⑤**穿着舒适：** 散步时应穿得轻便一些，衣裤不宜过分绷紧，不要穿高跟鞋。

散步时做到三宜

一宜轻松，犹如闲庭信步之态，才能周身气血平和、百脉畅通，是其他运动所不及的。二宜从容和缓，不宜匆忙，更不能琐事烦身，要顺其自然，达到益智养神。三宜循序渐进，量力而行，做到形动而不疲，否则容易伤身体。但步行要达到防治疾病的目的，还要掌握科学要领——坚持、有序、适度。

坚持： 运动贵在坚持。步行最为简单而且方便，不需要特殊的场地，一年四季都可以进行，将其融入生活与大自然，轻松、快乐地进行锻炼，比如提前两站下车，走路回家，多走楼梯，多参加郊游等。

有序： 循序渐进不宜操之过急，开始时不要走得过快，而应逐渐增加时间、加快速度。例如最近几个月活动很少，或有心脏病以及年龄超过 40 岁，开始的时候可以只比平时稍快，走 10 分钟，也可根据情况，一次走 3 分钟，多走几次。一周后，身体逐渐适应，可以先延长运动的时间，直至每天锻炼半小时，并逐渐增加步行速度。

适度： 3 个 3、1 个 5、1 个 7

3 个 3：每天应至少步行 3 千米、30 分钟。根据个人的情况，一天的运动量可以分 3 次完成，每次 1 千米、10 分钟，效果是一样的。

1 个 5：每周至少运动 5 天。

1 个 7：步行不需要满负荷，只要达到 7 成就可以防病健体。

快走

快走不是一个有着固定速度作为判断标准的运动。快走是一种努力地尽量快的步行，再快些你会感觉走起来不舒服，改成慢跑肢体会更适应，这样的情况就是标准的快走了。找到自己标准的快走速度后，稍微加快速度使肢体的动作有些夸张，或者稍微减慢速度让自己休息一下，都是可以的。

每天快走 30 分钟预防脑卒中的效果与慢跑、打网球、骑脚踏车等较激烈的快节奏运动是相同的。另外，对预防糖尿病、心脏病、骨质疏松症以及某些癌症都具有良好的效果。报告指出，所谓快走是在 12 分钟内走完约 1600 米的距离，如果每天快走 45 分钟到 1 小时，那么患脑卒中的概率可以降低 40%。

人类的运动包括各种各样的形式。体育运动包括游泳、举重、跳高、球类比赛等，这些运动都需要体育设施和用具，并且运动前要进行准备工作。而快步走则不需要这些设施和用具，只要迈开双腿，甩开双臂，就可以达到锻炼身体、去除赘肉的目的。要想减轻体重，进而降低患心脏病、糖尿病、脑卒中和某些癌症的风险，就应该坚持快步走。人每周应进行快走运动 5 天，每天 45 分钟，锻炼的强度应该达到让心跳加快和出汗，但仍然可以与人交谈。

需要指出的是，快步走减赘肉绝不是一朝一夕就可实现的，这样的运动需要坚持长久，不可半途而废。

在春意初露的日子里，快步行走健身法是个不错的选择。对于平常缺少锻炼的人来说，刚开始就练跑步并不太科学，容易对膝关节造成冲击。快走就不同了，去空气新鲜的郊外逛逛，既呼吸了新鲜空气，又达到了运动耗脂的效果。专家建议，一个人每天运动量的最低限度应该是消耗 300 千卡的热量，这正好与步行一万步所耗热量相当。

快走时，要准备好防寒的衣物、舒适的鞋，做一做适度的伸屈运动，慢步 5 分钟之后，就可加快步伐了。走路速度较快的人，每分钟能走 120 ～ 130 步。每天走一万步的量需要 1.5 小时，可以分次完成，每次至少应快走 30 分钟。

跑步

跑步简单易行，健身效果显著，跑多跑少、跑快跑慢，全在自己掌握，可按照自己控制的速度以一种有节奏的形式锻炼下肢肌肉，安全地、最大程度地增强心肺功能。跑步不仅能降低血脂，而且可以防治高血压、冠心病、肥胖症、神经衰弱、关节炎等病症，还可以消除长时间用脑所带来的疲劳，增强身体素质。

但是，跑步要量力而行、循序渐进，开始距离不能太长，速度不能太快，急于求成往往是欲速则不达。以下两点，我们应注意：

①锻炼可以从每分钟 50 米开始，每次锻炼不少于 10 分钟。1 ～ 2 周后可增加至每分钟 100 米，时间可从 10 分钟逐渐延长至 20 ～ 30 分钟。慢跑速度一般以每分钟 100 ～ 160 米为宜。脉搏维持在 180 或 170 减年龄数的范围内。跑步姿势只要自然、协调、放松即可。若跑后经过一夜休息，仍感四肢乏力，精神不振，不想再跑了，说明运动量过大，应及时减少。

②跑步必须持之以恒，不能三天打鱼，两天晒网。一般认为，如果每周跑步少于 4 次，将收不到预期的锻炼效果。即使以往连续锻炼，要是中断时间过长，也会前功尽弃，使原来已获得的效果完全丧失。因此，应每天跑步，按时实行。

跑步锻炼确实对我们的身体起到很好的保健作用，以下几种跑步方式，我们不妨交叉使用，用以增强体质，降低血脂。

慢速放松跑：步伐要轻快，全身肌肉放松，双臂自然摆动。速度依据自身体质而定，运动强度以心率不超过 180 减年龄数，呼吸也以不喘大气为宜，每日锻炼 20～30 分钟。

反复跑：以一定的距离作为段落，进行多次分段的跑步，视各人情况，段落短者 100～400 米，长者 1 000～2 000 米。初跑时可采用较短距离的段落，反复次数也不要太多，一般以 10（次）×100（米）或 5（次）×200（米）为宜。在两个跑段之间可以慢走几分钟作为休整。

变速跑：跑步速度可快一阵慢一阵，把慢跑（一定距离或时间）作为两次快跑之间的休息、恢复阶段。快跑的距离及速度应相对恒定，如此快慢交替进行。

原地跑：可以不受场地、气候、设备等条件限制。开始时以慢跑姿势进行，可只跑 50～100 复步，锻炼 4～6 个月之后，每次可跑 500～800 复步。可采用加大动作难度的方法以控制运动强度，如高抬腿跑可加大运动强度。

定时跑：不限速度和距离，只要求跑一定时间，或者限制距离和时间，在一定时间内跑完一定的距离，随运动水平提高可缩短时间，从而加快跑步速度。这对提高耐力、体力大有好处。

水中慢跑

所谓水中慢跑，就是选择水深 1.5 ～ 2.0 米的水池，腰间系着一条漂浮带。这样可以保持身体垂直站在水中，不必担心前倾，所以能集中精力锻炼。运动时，脚不着地，头部和肩膀露出水面，手脚模仿跑步的动作，手臂弯曲 90°，以肩为轴，前后挥动。要点是手指不露出水面，膝盖提到与臀部平行的高度，然后再向下踩。这样，无论朝哪个方向运动，都会遇到水的阻力，从而达到全身肌肉都得到均衡锻炼的效果。如果想增加运动量，也可以加快舞动手脚的速度，在水的阻力帮助下消耗更多的脂肪。这样运动之后，心脏和肌肉都得到锻炼，并且还会体会到一种仿佛按摩后的舒适感觉。高脂血症患者不妨试一下这种新式的运动。

在美国，成千上万的人到大海和游泳池里慢跑。水中慢跑已成为当今美国最新的一项健身健美运动。因为在水中慢跑能平均分配身体负载，它比在陆地上跑有明显的优点。在陆地，每跑约 1600 米，运动者的每只脚就得撞击地面 1000 次左右，他的脚部、膝部和臀部都受到震荡，常常导致肌肉扭伤或韧带拉伤；而在深水中，下肢受到的震荡为零，因而不会出现上述事故。而且水的阻力是空气阻力的 12 倍，在水中跑 45 分钟相当于在陆地上跑 2 小时。

水中慢跑最适宜在温度较高的时节进行，此时，皮肤温度便会很快降低，从而导致皮肤毛细血管收缩，出现反射性充血，进而促使皮肤新陈代谢，增强皮肤的营养。另一方面，由于"降温"比较突然，大脑会立刻调动全身各系统、各器官的活动，以抵抗"降温"，从而使得神经系统兴奋。所以，经常在水中慢跑的人，皮肤格外亮丽，精神格外爽快，头脑也格外清晰，食欲也会一直较好。

水中慢跑对肥胖者尤其适宜。由于水的密度和传热性比空气大，因此水中慢跑时消耗的能量比陆地上多。试验表明，在 12℃ 的水中停留 4 分钟所散发的热量，相当于在同样温度的陆地上 1 小时所散发的热量；陆地上全力跑 100 米大约消耗 35 千卡能量，而在水中慢跑 100 米要消耗 65 千卡能量。可见，在同样的时间和运动强度下，水中要比陆地上消耗的能量多得多。这些能量的供应要靠消耗体内的糖和脂肪来补充，由此可以逐渐去掉体内过多的脂肪，因此，水中慢跑又是一种减肥的有效方法。另一方面，在水中慢跑，人的腹部和腿可通过水的阻力得到很好的锻炼，这就意味着想减肥的女士在水中慢跑，不仅可以去除腹部多余的脂肪，而且能够使双腿修长健美。所以，水中慢跑十分有利于女性的体态健美。

当然，水中慢跑的起码条件是水性较好，不会游泳者、对冷水皮肤过敏者以及一些心血管疾病、风湿病、高热患者不适合这项运动。即使善游的健康者，也要循序渐进，不要一开始运动量就过大。医学家认为，一个人在水中慢跑 5 分钟后，心跳速度不应超过每分钟 130 次，并以休息和运动交替进行为宜。慢跑时身体要尽量向前探，以免向后仰摔。如果觉得水的阻力太大，还可以用双手将水向后拨。另外步伐要小、频率宜慢，不要操之过急，更不提倡倒走，这样容易出现危险。

游泳

游泳是一种全身性运动，不但可以减肥，还可提高人的心肺功能，锻炼人体几乎所有的肌肉，尤其是坚持有规律的强化训练，几个月的工夫就能使人"脱胎换骨"。

①游泳消耗的能量大。 这是由于游泳时水的阻力远远大于陆上运动时空气的阻力，在水里走走都费力，再游泳，肯定消耗较多的热量。同时，水的导热性是空气的 24 倍，水温一般低于气温，这也有利于散热和热量的消耗。因此，游泳时消耗的能量较跑步等陆上项目大许多，故减肥效果更为明显。

②可避免下肢和腰部运动性损伤。 在陆上进行减肥运动时，因肥胖者体重大，身体（特别是下肢和腰部）要承受很大的重力负荷，使运动能力降低，易疲劳，使减肥运动的兴趣大打折扣，并可损伤下肢关节和骨骼。而游泳项目在水中进行，肥胖者的体重有相当一部分被水的浮力承受，下肢和腰部会因此轻松许多，关节和骨骼损伤的危险性会大大降低。

③可享受天然的按摩服务： 游泳时，水的浮力、阻力和压力对人体是一种极佳的按摩，对皮肤还可起到美容的作用。

当然，要想获得良好的锻炼效果，还需要有计划地进行锻炼：初练者可以先连续游 3 分钟，然后休息 1 ～ 2 分钟，再游 2 次，每次也是 3 分钟。如果不费很大力气便完成，就可以进入第二阶段：不间断地匀速游 10 分钟，中间休息 3 分钟，一共进行 3 组。如果仍然感到很轻松，就可以开始每次游 20 分钟，直至增加到每次游 30 分钟为止。如果感觉强度增加的速度太快，也可以按照个人能够接受的进度进行。另外，游泳比较消耗体力，最好隔一天游一次，给身体一个恢复的时间。

游泳时人的新陈代谢速度很快，30 分钟就可以消耗 263 千卡的热量，而且这样的代谢速度在离开水以后还能保持一段时间，所以游泳是非常理想的减肥运动。对于比较瘦弱者，游泳反而能够让体重增加，这是由于游泳对于肌肉的锻炼作用，使肌肉的体积和重量增加。可以说游泳可以把胖人游瘦了，把瘦人游胖了，可以让所有的人都有一个完美的身形。

骑自行车

随着地铁的普及以及人们环保意识的加强，现在很多上班族选择骑自行车和乘坐地铁相配合的方式上下班，这样不仅节省上下班途中的开支，而且对自身健康也非常有帮助。

骑自行车相比竞走和跑步对自身的负担很轻。竞走会在瞬间给身体带来超过体重近 1.2 倍的着地冲击力，而跑步则是近 3 倍的冲击力。自行车由于脚踩踏板离开地面，因此带来的着地冲击力比体重小，不会增加脚踝、膝盖和腰部等关节的多余负担。同时，因为骑自行车很难积攒疲劳，因此有利于每天坚持。

无论是骑自行车还是在健身房里蹬固定自行车，都是不错的减脂运动。骑自行车每小时消耗热量 480 千卡，与同等强度的跑步消耗的热量差不多，因此，骑自行车减肥快，而且对双脚的冲击力小。

骑自行车不但可以减肥，还可使身材匀称。由于自行车运动需要大量氧气，所以还可以强化心脏功能，同时还能预防高血压，有时比药物更有效。踩自行车时会压缩血管，使得血液循环加速，大脑摄入更多的氧气，再加上吸入大量新鲜空气，机体的吐故纳新功能增强，会觉得脑筋更清楚，气血运行和生成更加畅通。骑在车上，你会感觉十分自由且畅快无比。

骑自行车的注意事项：

①骑车时上体稍前倾，头不要过多前探，腰部稍弯曲，两肩放松，两臂伸直，不驼背，不塌腰，蹬车时，腿要直。

②车座要柔软且高度适中，这样才能最大地减轻臀部所受的压力。

③在人群较密集的地方，速度不可太快，以防止碰撞跌倒。

④骑车前要检查车况，如刹车、车铃、轮胎等，防止运动中的意外。

健美操

健美操是一项新兴的体育运动，它以其独特的魅力在众多的传统体育项目中脱颖而出，越来越受到人们的喜爱。目前，不仅以健美操为主要内容的各种健身中心遍布我国大中型城市，而且在大中小学健美操也被列入教学大纲，作为正规的教学内容传授。健美操不同于其他有氧运动项目，它是一项轻松、优美的体育运动，在健身的同时，带给人们艺术享受，使人心情愉快，陶醉于锻炼的乐趣中，减轻了心理压力，促进身心健康发展，从而达到健身、美颜、养生的效果。

姿态是我们平时的一举一动表现出来的行为习惯，受后天因素的影响较大；体形则是我们身体的外形，虽然体育锻炼可适当改善体形外貌，但相对来说遗传因素起决定性作用。良好的身体姿态是形成一个人气质风度的重要因素。健美操练习的动作要求和身体姿态要求与我们日常生活中的状态要求基本一致，因此，通过长期的健美操练习可改善不良的身体状态，形成优美的体态，从而在日常生活中表现出一种良好的气质与修养，给人以朝气蓬勃、健康向上的感觉。

健美操运动还可塑造健美的体形，改善造血功能。通过健美操练习尤其是力量练习，可使骨骼健壮、肌肉围度增大，从而弥补先天的体形缺陷，使人变得匀称健美，还能改善贫血症状，使人精神饱满。另外，健美操练习还可消除体内和体表多余的脂肪，维持人体吸收与消耗的平衡，降低体重。

由于健美操采用大量下肢跑跳和大幅度关节活动，运动前一定要做好准备活动，尤其是踝关节周围韧带，提高关节灵活性。要加强踝部周围韧带肌肉的锻炼，多进行提踵跳及负重提踵练习，提高关节的力量和弹性。在跑跳练习中，强调脚掌着地的正确技术。肌体处于疲劳和不良状态时，避免高难度动作的练习，减少运动负荷。

太极拳

一千多年前，中医华佗编了一套"五禽戏"作为健身运动，他的理论是"人身常动摇则谷气消，血脉通则病不生"，说明运动对身体健康是很重要的。打太极拳除全身各肌肉及关节需要运动外，还须配合均匀的深呼吸与膈运动，并且要求在打太极拳时，尽量做到"心静"，全神贯注。太极拳是介于动养生和静养生之间的一种绝佳的运动，老少咸宜，全处可练，是全民健身的首选项目。太极拳虽千变万化，但万变不离其"一"。所谓"一"，即太极阴阳合而为一。

太极拳是一种绝佳的养生运动，因为它调和阴阳，刚柔相济，动静相兼。太极拳的优势在于借助外动引动内静，最终达到形神合一的境界。由于太极拳有一套系统的导引，所以易于敛神，对休息大脑、增强意识活动具有一定的优势。

太极拳是通过四肢运动贯通经气血脉的运动，在锻炼过程中是以腹式呼吸带动胸式呼吸，从而达到气运丹田、脉通全身的作用，因而心、肺能得到充分的休息和调整。这就要求在打太极拳时，须以腹式呼吸为主才不致增加心肺负荷。

太极拳的又一重要特点是轻灵松活，所谓轻灵，即有"牵动四两而拨千斤"的巧劲；松，即"松如走鹤"；活，即"活似车轮"。其要旨为"不紧不慢才是松"。轻灵松活的太极拳锻炼对调和肝脾有很大的意义。

太极拳是一种内外兼修的拳种。它的独特之处在于心静体松，柔缓自然，要求中正安舒，阴阳相济，着重自我控制和意念引导。

太极拳要求以腰为轴运转，强调"活腰"。以腰为主宰的太极拳对女性的生殖

器官有极好的按摩和保健作用。根据中医理论，女性病主要跟经络的任脉有关，除此之外，还有一条经脉左右着女性的身体，这就是带脉，带脉就是平时系腰带的地方，这条横的、环绕的带脉，对女性的健康至关重要。太极拳以腰为轴转动，练习太极拳就是对带脉、命门、两肾的按摩过程，这对女性的肾功能以及生殖器官非常有益。中医认为，肾为生元之本，肾阴统摄全身之阴，肾阳统摄全身之阳，五脏之阴气，非肾阴不能滋，五脏之阳气，非肾阳不能发，这样才能"扶正固本"。

大量调查发现，月经不调、更年期综合征、贫血等患者通过练太极拳都有很好的疗效。练太极拳还有利胎儿生长与分娩。因为女性的孕娩系统是为了怀孕与分娩而设，胎儿在腹内的正确姿态与平衡，对胎儿和女性健康都十分重要，不平衡的姿态会导致腰痛。平衡正确的姿态并非仅仅依赖骨架与盆骨的支撑，更有脊背、下腹、腰以及大腿等健康而强壮肌肉的相互作用。太极拳要求中正安舒、均匀缓慢、连续不断，以腰带动四肢运动最适合改善贫血。

长年打太极拳的人不论在体格方面，还是在心血管系统功能、呼吸功能、骨骼系统及代谢功能等方面，都比一般人好。因为太极拳对心脏血管系统的影响是在中枢神经活动下发生的。太极拳的活动包括了人身各肌肉及关节的活动，亦包括了有节律的呼吸运动，特别是膈运动。因此它能加强血液及淋巴的循环，减少体内瘀血的现象，是消除体内瘀血的良好方法。打太极拳要求"气沉丹田"，这就是膈式呼吸，膈肌与腹肌的收缩与舒张，使腹压不断改变。腹压增高时，腹腔的静脉受到压力的作用，把血液输入右心房；相反，当腹压减低时，血液则向腹腔输入。这样呼吸运动就可以改善血液的循环状况、加强了心肌的营养。此外，膈运动又可对肝脏起到有规律的按摩作用，可消除肝脏瘀血，改善肝脏功能。所以，常打太极拳有利于预防心脏各种疾病，改善动脉硬化状态，降低高血压及动脉硬化的患病率。

太极拳对骨骼、肌肉及关节活动的影响也很重要。以脊柱为例，练拳时要求"含胸松腰拔背"，经常打太极拳对腰脊运动有良好的锻炼，并可预防驼背。骨质疏松是一种衰老退行性变化，其主要原因是骨质中成骨细胞不活跃，不能产生骨的蛋白基质，致使骨生成少、吸收多，骨质变松，容易产生畸形，导致关节活动不灵活。而太极拳要求动作连贯、圆活，周身节节贯串，因此太极拳有一定的防老作用。

由于打太极拳可通过提高神经系统活动能力来改善其他系统的功能活动，因此它可预防并治疗某些因神经系统功能紊乱而产生的消化系统疾病。此外，呼吸运动对胃肠道起着机械刺激作用，也能改善消化道的血液循环，因此可以促进消化，预防便秘。

办公室健身操

"YTW"操

作为老师，备课、批改作业不可避免，时间一长，就会造成肩颈酸痛，甚至会引发头晕、恶心等症状。针对这一问题，老师们需要注意日常使用电脑和手机的姿势，课间还可以通过"YTW"操来缓解背部压力。

首先坐在椅子上，微微往前俯身，保持腰背挺直，双手保持给人点赞的姿态，拇指指向为发力方向。

Y：双手自然下垂伸直，置于大腿两侧，拇指朝前，吐气，双手经体前往上画弧直到大臂超过耳侧。用力维持一秒，再吸气慢回。每组 15 次，完成 3 组。

T：双手掌心朝上相碰，拇指朝外，手臂伸直位于胸前，挺胸沉肩。吐气，双手经体侧画弧直到完全打开，肩胛骨用力往后夹。用力维持一秒，再吸气收回。每组 15 次，完成 3 组。

W：双臂屈肘，双拳位于肩前方，拇指朝外。吐气，拇指带领手肘往后展开，保持屈肘，直到极限，肩胛骨用力往后夹。用力维持一秒，再吸气慢回。每组 15 次，完成 3 组。

深蹲运动

由于工作性质，老师们需要长时间站立，因此常常造成腿部血液循环不畅。老师们可以利用自己的座椅进行几组深蹲运动，不仅可以有效促进腿部血液循环，提神又健康，同时还不会影响到旁边的同事。

首先，坐在椅子前沿，两腿后跟与肩同宽踩地，脚尖自然外展 30° 左右，确保膝盖打开指向脚尖方向。挺胸直背，微微往前俯身，控制好重心，吐气站起，再吸气将臀部往后撅，俯身向前，打直腰背，慢慢坐下。每组 10 ~ 15 次，完成 3 组。

需要注意的是，运动过程中，膝盖一定要指向脚尖方向，不然会受到损伤。

靠墙站

如果在办公室做操怕影响到同事的话，那么经常站一站一定可以避免这一问题。从后脑勺、肩膀、臀部到脚跟，让身体贴紧墙壁，自然挺立，这样做可增强背部肌肉力量和耐力。如果坚持每天饭后这样站立 25 分钟，两个月左右，才能看到明显的减肥效果。此外，饭后站立还有益肠胃健康，促进消化。如果您觉得刚开始就坚持 25 分钟太难，那么可以先从 10 分钟做起，每天增加 5 分钟。用不了几天，您就会发现自己已经慢慢适应了。

"舌根运动"缓解声带负担

咽喉炎一直是困扰老师的一个问题。长时间大声说话，容易引发声带水肿、充血或小结，加之长期的粉尘刺激，慢性咽炎常常"找上门来"。

为了缓解这一问题，在课下，老师们可以经常做做"舌根运动"。闭口，用舌尖抵住牙齿，正转 18 次，再反转 18 次，最后将口中的津液分 3 次咽下，早晚坚持各做 1 次，时间一长，就能看到明显的效果了。

日常运动十六法

摆腰健身法

站立，双手叉腰，上身稍前倾，缓慢地左右摆腰，逐渐加快，至腰部感到发热为止。早晚各做 1 次，可健肾强身。

擦体健身法

洗澡时，有意识地用毛巾擦拭全身各个部位，可使全身经络畅通，血液循环加快，精力充沛。

单侧体操健脑法

人脑的右半球支配着左半身的活动，左半球支配着右半身的活动，大部分人习惯于用右手工作，往往使左半脑负担过重，造成记忆力衰退。经常做做单侧体操，可消除左半脑的疲劳，强化右脑功能。立正、仰卧或俯卧，然后伸屈挥动左臂、左腿，右臂、右腿保持不动。用左手写字、剪纸、拿东西、拿筷子吃饭等，也有类似的效果。

倒走健身法

倒走是近年来较流行的一种健身方法。它能改善人的腰部血液循环，防治腰肌劳损。其具体做法是：立正、挺胸、抬头，眼睛向前平视，双手叉腰，拇指向后按腰部的肾俞穴，其余四指向前。倒走时，左脚开始，左大腿尽量向后抬，然后向后迈出，身体重心后移，以左前脚掌着地，随后全脚着地，将重心移至左脚，再换右脚。左右脚轮流进行。锻炼时要注意选择平坦的场地，周围无障碍物，如公园草坪，也可在室内锻炼。一般老年人每天可倒走 1 ~ 2 次，每次 20 分钟。身体虚弱者可相应减少时间，结核病患者则不宜采用此法。

电视保健操

①**揉眼：**用食指按摩眼皮 10 次；然后在前额及太阳穴处自由按摩。

②**梳头：**十指微曲，从额前梳向枕后，10 次。

③**点头：**缓慢低头，再抬头，5 次。

④**转颈：**先由左至右，再由右至左，缓慢地旋转颈部，5 次。

⑤**伸臂：**双臂前伸，向左右分开，再向中间合拢并拍掌，然后双臂回收放下，10 次。

⑥**弯腰：**挺胸深吸气，边呼气边向前弯腰，10 次。

⑦**摆手：**双臂自然下垂，向前后左右轻轻摆动，10 次。

⑧**捶腿：**双手握空心拳，捶击大腿根部，逐步向膝盖处移动，反复几次。

⑨**踢脚：**双脚分别踢向前下方，10 次。

⑩**揉腰：**两手握拳反手在脊背两旁上下来回摩擦，10 次。

以上运动全做或选做，即可消除看电视引起的疲劳。

反臂背向散步健身法

散步时双手背放在两侧腰点，缓步倒退走 50 步后，再向前走 100 步，每天反复5～10遍，有利于健康。

健身球健身法

执2或3个球于掌中，五指拨动，使球在掌内不停旋转，能刺激掌中各穴位，起到疏通经络、活血利气之功效，同时有降低高血压、强身健脑的作用，对神经衰弱、颈椎病、肩周炎、脑卒中后四肢功能降低等也有一定的疗效。

冷开水健身法

冷开水里的空气含量比一般自来水少1／2，内聚力增大，分子之间更加紧密，表面张力加强，具有特异的生物活性。经常饮用25～30℃的新鲜冷开水，尤其是早晨起床后立即饮服，能很快被胃肠吸收而进入血液循环，达到稀释血液、清洗内脏器官的目的，并能增强肝脏的解毒能力和肾脏的排泄能力，促进新陈代谢，增强免疫功能，预防心脑血管疾病，还有助于预防感冒、咽喉炎和某些皮肤病。但冷开水在空气中暴露4小时以后，气体会再度溶入，空气中的细菌杂质还会造成二次污染，生物活性就会丧失70％以上。

冷水浴健身法

冷水浴对神经系统和心血管系统有很好的作用，有"血管体操"之誉。能防治感冒、支气管炎、扁桃腺炎、肺炎等疾病，还可改善皮肤的血液循环，使皮肤柔软、滑润、富有弹性，还有助于预防动脉硬化症。冷水浴健身要注意：

①从夏季开始，一直坚持到秋冬季，逐步适应，不要中断。

②浴后要将身体擦干，冬天更须揩干。

③身体刚接触冷水时，全身会打战，属寒冷期，过一会儿皮肤微红，感到温暖舒适，则属温暖期，此时应及时出浴，否则将进入寒战期，会因肌肉剧烈收缩而形成颤抖。只要浴后感到温暖、舒适、轻松，即使结了冰也可以坚持冷水浴。

④身体有炎症或体温过高时，则应暂停。

爬行健身法

模仿动物爬行进行爬行锻炼，对防治冠心病、痔疮和下肢静脉曲张有较好效果。其具体做法是：四肢着地，可戴上手套，穿好鞋袜，在地上爬来爬去。爬行场所应选择厚软的草地或光洁的木板地。开始爬行，动作可缓慢些，一段时间后，再加快运动速度，增加运动量。一般每天 1 ~ 2 次，每次 20 ~ 30 分钟。

起居健身十二法

①**常搓面：**可使面色红润。

②**常梳发：**可消除疲劳。

③**常运目：**闭目，双眼球左右旋转各四遍，少顷，忽睁开眼，可使肝清目明。

④**常凝耳：**两手掩耳，低头、仰头各 5 ~ 7 次，可消除头晕的疾病。

⑤**常闭口：**呼吸均匀和缓，可使气体通畅。

⑥**常静心：**排除杂念，常保持头脑清醒，可调气养神。

⑦**常叩齿：**每天清晨睡醒时，叩齿 36 下，可使牙齿坚固。

⑧**常提气：**随鼻中吸气，做提肛动作，稍停，即缓缓吐气，久做，可健身防病。

⑨**常咽津：**可健脾助消化。

⑩**常存神：**不过度思虑，保持乐观情绪，可少生七情之患。

⑪**常摩腹：**可助消化，治疗腹胀、便秘。

⑫**常干沐皮肤：**两手搓热，擦周身皮肤，可使周身气血通畅、舒筋活血。

日光浴健身法

晒太阳，对健康大有益处，儿童晒太阳还可预防佝偻病。上午 10 时至下午 2 时，太阳紫外线最强，会损害皮肤细胞。宜在上午 10 时之前、下午 2 时之后晒太阳，这样有益健康。市区晒太阳，宜选择公园、绿化区、水滨、人车量少的地方，避免大气污染。

甩手甩腿健身法

甩手与甩腿不仅能疏通经络、延缓衰老，而且对防治肩周炎、下肢肌肉萎缩、软弱无力或疼痛、痉挛等也有明显的效果。其具体做法如下：

①**甩手：**肩部放松，下肢自然站立，两脚分开与肩同宽，双膝微屈，双手伸直，前后摆动，先将右下肩拉后，利用惯性作用，将拉往后的右下臂经过胸前区至左侧肩上的时候，务使下臂内侧拍到下颌。上述动作，左右交替，每侧摆动 20 ~ 30 次。

②**甩腿：**一手扶树或墙，先向前甩动小腿，使脚尖向前上翘起，然后向后甩，将脚尖用力向后，脚面绷直，腿亦伸直。甩腿时，上身正直，两腿交换进行，各甩 20 ~ 30 次。

跳绳健身法

每天连续跳绳 5 分钟，每分钟跳 120 次，有助于增强血液循环和心肺功能，防止冠状动脉硬化和心肌梗死，防止腰部及腿部疼痛，有利于强身、祛痛、减肥。

旋膝健身法

两手掌心按住两膝，向外向内各旋转 10 余次。再用两手同时揉左右膝几十次，使掌心与两膝发热，可活络筋骨、祛风逐寒，还能预防关节炎。

运动缓解岔气法

①当岔气发生时，应反复做深吸气和憋气的动作，双手握拳由上到下用力捶击胸腔两侧，即可缓解。

②躺在床上，来回反复滚动，也可使缓解岔气引起的疼痛。

3. 避免运动的误区

运动在生活中的比重越来越大，然而，还有不少人对科学运动的概念仍不十分清楚，甚至会走入一些运动误区。这样不仅达不到健身效果，相反还会伤害身体。

误区一：运动量越大越好

许多人（特别是一些想减肥的人）认为运动强度越大、运动量越大就越有益于健康，减肥效果越好。事实并非如此。研究表明，体内脂肪的减少取决于锻炼时间的长短，而不是锻炼的强度。因为各种锻炼开始时，首先消耗的是体内的葡萄糖，在糖消耗后，才开始消耗脂肪。而剧烈运动在消耗糖后身体多已精疲力竭，难于再继续坚持，因而脂肪消耗不多，达不到减肥的目的。只有较缓慢而平稳的持久运动，如慢跑、走路等，才能消耗更多的热量，以达到减肥的目的。

低强度和间断运动，均能对健康产生良好影响。因此，每天进行低强度运动，不仅有益健康，而且可以减少心脏病发作的危险性。如果运动量过大，不仅达不到锻炼身体及提高运动成绩的目的，还会对身体造成不良影响。运动过量可能造成肌肉痉挛、僵硬和劳损，严重的还可造成骨折、运动性贫血，更严重的可能使人猝死。所以，运动锻炼者应根据个人的具体情况而定，也可咨询健身教练，采用适宜的运动量，应用科学方法进行运动训练。

误区二：晨练比暮练好

很多健身者都热衷于晨练，认为晨练比暮练好，甚至晨练时间越来越早。其实，早晨人体的血液黏稠度较高，血栓形成的危险性也相应增加，是心脑血管病发作的高峰期。相反，黄昏是体育锻炼的理想时间，因黄昏时的心跳、血压最平稳，最适应运动时心跳、血压的改变；黄昏时嗅觉、听觉、视觉、触觉最敏感，人体应激能力是一天中的最高峰；黄昏时体内化解血栓的能力也达到最佳水准。所以，应该是暮练比晨练好。

误区三：运动时要克服身体各种不适和痛楚

这是一种非常危险的错误概念。如果在运动中出现眩晕、胸闷、胸痛、气短等症状，应立即中止运动，必要时应到医院进行诊治，尤其是老年人。强行继续运动常会招致不良后果。

误区四：肌肉疼痛且天天练才能锻炼得好

许多人在进行力量训练时常常用较重的器械且运动强度也较大，认为只有感到肌肉疼痛了才锻炼得好，而且认为应该天天练肌肉才能越来越发达。其实肌肉疼痛只能说明锻炼过度或训练不当。由于肌肉运动过快，肌肉组织中的乳酸浓度增加，产生堆积，从而引起肌肉的神经末梢受到刺激而发生疼痛。当停止运动后，疼痛自然逐渐消失。肌肉锻炼会消耗大量的营养物质，运动结束后，经过适当的休息，肌肉中的营养物质才会得到补充，而且补充的量会比所消耗的还要多，这种现象在生理学上叫作"超量恢复"。"超量恢复"使肌肉获得更多的营养物质，越练越发达。有研究认为，休息时间以肌肉再次具备上次运动能力为标准计算，一般需要 2 ~ 3 天。

PART
6

调整心态，保持心理健康

1. 教师常见心理问题

教师也是一种"高危"职业，来自学校、家长、学生、社会等各方面的压力，容易让教师出现很多心理问题。教师是教育影响的主导者、支配者，教师的心理健康更是直接关系到学生的心理健康、学业成就和人格发展。因此，教师心理健康是培养学生心理健康的必要前提，只有心理健康的教师，才能培养出心理健康的学生，维护教师心理健康对于培养合格人才、促进教育和谐发展具有十分重要的意义。

根据对教师心理健康的定义，按照程度的不同，可以将教师心理问题的类型划分为三类：发展性心理问题、适应性心理问题与障碍性心理问题。

①**发展性心理问题**。主要是指教师自身不能树立正确的自我认知，特别是对自我能力、自我素质方面的认知，其心理素质及心理潜能没有得到全面、有效的发展。发展性心理问题的解决重在帮助教师提高心理素质、健全人格，通过有针对性的教育和训练，培养其良好的心理素质，塑造健康、完整的人格，成为适应现代社会需要的合格教师。

②**适应性心理健康问题**。适应是个体通过不断做出身心调整，在现实生活环境中维持一种良好、有效的生存状态的过程。而适应性心理问题则是个人与环境不能取得协调一致所带来的心理困扰。哈特曼认为：适应是个体终生维护心理平衡的持续过程，以无须付出太高的代价去处理一个具有一般性及可预期性的环境。

③**障碍性心理健康问题**。当教师遭遇人际关系的严重冲突、重大挫折、重大创伤或面临重大抉择时，一般都会表现出情绪焦虑、恐惧或者抑郁，有的表现为沮丧、退缩、自暴自弃，或者异常愤怒甚至冲动报复。有的往往是过度应用防卫机制来自我保护，且表现出一系列适应不良的行为。如果长期持续的心理障碍得不到适当的调适或从中解脱，就容易导致严重精神疾病，产生更严重的后果。

自卑

自卑的实质就是自我评价过低。教师作为从事一种特定职业的人，把自己的职业与别人的职业相比较，觉得自己的职业或职业的某些方面不如别人，因此而产生苦恼。所以，作为教师本身，也应当在了解自己的基础上，积极地采取有效的自我调节手段，拂去头顶的乌云，从而克服自卑情结的困扰。如果您意识到自己确实存在某种程度的自卑情结，可以采用下面几种策略进行自我调节。

首先，要采取正确地对待自卑的态度，建立积极的合理的自我评价观念。

其次，认清自我，悦纳自我。认清自我，就是要有一个清醒的自我意识，能够正确地评价自我，辩证地看待自身的优缺点。

第三，教师要修正理想中的自我，改变不合理信念。也就是降低自己的期望水平，努力使理想中的自我符合现实自我所能做出努力的程度。同时还要改变思维方式中某些不合理的信念，这实际就是一种认知改变的过程。

第四，补偿与升华有助于克服自卑心理。教师的心理升华主要指，当教师的需要没能满足或目标没达到时，不是消沉、退缩，而是不断努力或调整目标，最终获得成功。许多教师的成功，究其原因就是运用了补偿和升华。

第五，人际交往也是消除自卑心理的有效途径。

此外，请心理专家帮助解决，是及时有效解决自卑问题的重要途径。心理咨询的目的就是帮助有心理问题的教师改善认知，恢复心理平衡。因此，教师要学会请求心理专家的帮助。

自负

自负是一种自我膨胀，即过度的自信，对自己的认识以点带面，一方面好就认为自己光芒万丈，很了不起，孤芳自赏，瞧不起其他人，不接受他人的建议和批评，更缺乏自我批评。

而自负心理认识上的偏激和情感上的过分敏感，无形中会带来固执己见、自命清高的特殊心理，这与交际互补、平等待人的原则是不相符的。所以，老师们也需要广泛交际，善于在交际中交流信息和感情，交互作用，取长补短，改变这种心理。

首先， 接受批评是根治自负的最佳办法。

其次， 与人平等相处。平等相处就是要求自负的教师以一个普通社会成员的身份与别人平等交往，尤其是将自己与学生放在同等的地位上来看待。

第三， 提高自我认识。要全面地认识自我，既要看到自己的优点和长处，又要看到自己的缺点和不足，不可一叶障目，不见泰山，抓住一点不放，未免失之偏颇。

第四， 要以发展的眼光看待自负，既要看到自己的过去，又要看到自己的现在和将来。辉煌的过去可能标志着你过去是个英雄，但它并不代表着现在，更不预示着将来。

焦虑

焦虑本身并不是一种病态的反应，适当的焦虑反而有利于发挥潜能、解决问题和有效学习。但若反应过强或持续时间过长，即过度焦虑，就会使个体丧失其建设性的特质，继续引发各种身心问题。

教师要做好教育教学工作，要适应时代的要求，要不断地了解认识自己的心理，一旦发现自己存在过度焦虑的情绪，要及时进行调适。教师过度焦虑情绪的调适可以从以下三个方面来考虑：

①**教师个人方面：**思想上充分认识自我、了解自我并接纳自我；能很好地面对现实；学会自我放松，可以采用深呼吸、肌肉放松法、意念法等；要定期地进行身体检查和运动，能为自己分散压力，工作尽量有计划性。

②**教师专业方面：**从教育过程中充分获得自我实现；在有效率的教学中得到成就感；不断进修，提高自身专业水平。

③**外界因素方面：**目前中小学教师的工资来源主要来自国家财政收入，要改变教师的基本过度焦虑问题，应加强国家对中小学教育的投入。在提高教师工作待遇、减轻工作量的同时，全社会都要对教师的工作予以支持和理解，这才是彻底调适教师过度焦虑情绪的根本所在。

抑郁

抑郁是一种悲哀、沮丧、郁闷的情绪体验，是一种心理状态，主要表现为情绪低落、表情苦闷、行动迟缓，常感到力不从心、思维迟钝、联想缓慢，因而语言减少、语速缓慢、语音低沉或是整日沉默不语。

如何调适抑郁？可以做到以下几点：

首先，必须遵守生活秩序。按时上下班，饮食休闲要按部就班，生活稳定规律。即使在抑郁状态下，也决不放弃自己的学习和工作。

其次，要主动吸收新知识，"活到老学到老。"建立挑战意识，学会主动接受矛盾，并相信自己能成功。不要将自己的生活与他人的生活进行比较。如果你时常把自己的生活与他人的做比较，表示你已经有了潜在的抑郁，应尽快克服。不要掩饰自己的失败。

最后，还有一点很重要，那就是即使是小事，也要采取合乎情理的行动。即使你心情烦闷，仍要特别注意自己的言行，让一切合乎情理。最好将日常生活中美好的事记录下来。

冲动

冲动的具体表现：

①一发火就骂人、砸东西，甚至打人。

②情绪反应十分简单，缺乏幽默感，不会开玩笑，对于满意的事沉默不语，对不满意的事常会通过吵架、发脾气等方式解决。

③面对生活中的挫折，心理防御的方式只有一种，就是发泄。

④对很小的事也沉不住气。

⑤一点就着，什么事都干得出来，当时不能自控，事后又特别后悔。

⑥听不进任何人的劝说，尤其在情绪激动的时候。

控制情绪的方法：

①调动理智控制自己的情绪，使自己冷静下来。

②用暗示、转移注意法化解冲动。

③在冷静下来后，思考有没有更好的解决方法。

④平时可进行一些有针对性的训练，培养自己的耐性。可以结合自己的业余兴趣、爱好，选择几项需要静心、细心和耐心的事情做做，如练字、绘画、制作精细的手工艺品等，不仅能陶冶性情，还可丰富业余生活。

⑤要时刻提醒自己化解冲动。对冲动的克制，有时还特别需要外部的提醒或帮助。可以给自己立个座右铭，经常告诫自己，也可以请别人时常提醒自己。

紧张

紧张是心理压力的表现。压力对人有利有弊，而心理压力对教师有着直接的影响。

短期影响：情绪亢奋或躁动、活动力增加、身心能量损耗较快。

长期影响：情绪忧郁或烦闷、身心能量耗竭、免疫力下降、思考与记忆力减退。长期的职业压力可造成职业倦怠，影响情绪，严重的可导致焦虑症、抑郁症甚至自杀等。

2. 教师要正确调适心态

乐观、开朗、心境豁达是教师特殊的性格要求，平易近人的教师，学生才乐于接受。因此，教师要学会控制不良情绪，适时宣泄。

积极自我调适

认知问题

心理学的研究表明，认知是心理发展的核心。帮助教师形成合理的认知方式，调整不良的认知结构，达到认知优化和认知重建，是促进教师心理健康的关键所在。因此，促进教师心理成长的重心在于改变或修正不良认知，而不是改变适应不良的行为。导致教师低估自我的原因，是因为自身客观条件不理想，或者是因为挫折感导致对自我的评价不足（如以往的挫折经历、现实的挫折、缺乏应有的社会评价和期待等）。

情感问题

教师职业压力过大，使得教师的情绪总处于紧张状态。研究发现，紧张情绪会使人的免疫系统弱化，各种疾病往往乘虚而入，因此教师应对自己的情绪保持警惕，用理智驾驭情绪，不做情绪的俘虏。所以，教师对自己的工作要确定合适的期待值，不要期待太高，凡事不必尽善尽美，时时以积极乐观的态度对待教育过程中出现的种种问题，保持心理的平衡。

心理问题

教师的个性心理问题，对其心理健康的影响较为明显。这是因为具有不同个性类型特征的人，对各种致病因素的认知是不同的，对各种社会生活事件及心理冲突等的情绪反应也不同。属于外向型性格的人，虽然情绪反应较为强烈，但体验的深刻程度不大，情绪的持续时间也不长，恢复心理平衡较容易；属于内向型性格的人，情绪反应深刻而持久，恢复心理平衡的过程较长。临床资料表明，某些特殊性格，常常成为某些神经症的发病基础。例如，具有谨小慎微、求完善、拘谨呆板、敏感多疑、责任心过重，或苛求自己等性格特征的人，易患强迫性神经症；具有富有暗示性、情绪多变、容易激动、自我中心等性格特征的人，易得癔症。

保持心情舒畅

良好的心情对健康的积极作用是任何药物都无法代替的；恶劣的心情对健康的危害则犹如病原体。人们都愿意处于欢乐和幸福之中。然而，生活是错综复杂、千变万化的，并且经常发生祸不单行的事。频繁而持久地处于扫兴、生气、苦闷和悲哀之中的人必然会出现健康问题。那么，遇到心情不快时，如何进行调整呢？

①**转移情绪。**人生的道路崎岖不平、坎坎坷坷，难免有挫折和失误，也少不了烦恼和苦闷。此时此刻，应迅速把注意力转移到别处去。比如有时碰到不顺心的事情或在家中与亲属发生争吵，不妨暂时离开现场，换个环境，或者同别人聊聊天，或者参加一些文体活动，转移自己的注意力。这样很快就会把原来的不良情绪冲淡以至赶走，重新恢复心情的平静和稳定。

②**憧憬未来。**追求美好的未来是人的天性，也是人类生存和社会进步的动力。只有经常憧憬美好的未来，才能始终保持奋发进取的精神状态。不管命运把自己抛向何方，都应该泰然处之，不管现实如何残酷，都应该始终相信困难即将克服，曙光就在前头，相信未来会更加美好。

③**向人倾诉。**心情不快却闷着不说会闷出病来，有了苦闷应学会向人倾诉。我们可以向朋友倾诉，这就需要先学会广交朋友。如果经常防范着别人的"侵害"而不交朋友，也就无愉快可谈。没有朋友的话，不仅遇到难事无人相助，也无法找到可一吐为快的对象。如果能把心中的苦处能和盘倒给知心人并能得到安慰，心胸自然像打开了一扇门一样明朗。

④**拓宽兴趣。**兴趣是保护良好心理状态的重要条件。人的兴趣越广泛，适应能力就越强，心理压力就越小。比如，同样是退休，有的人觉得无所事事，很容

易产生无用、被遗弃等失落感；而有的人则觉得退休后可以充分利用这些时间看书、写字、创作、绘画、弹琴、舞剑、养鸟、钓鱼、种花等。总之，兴趣越广泛，生活就会越丰富、越充实、越有活力，也会觉得生活中处处充满阳光。

⑤**宽以待人。**人与人之间总免不了有这样或那样的矛盾，朋友之间也难免有争吵、有纠葛。只要不是大的原则问题，应该与人为善，宽大为怀。绝不能有理不让人，无理争三分，更不要为一些鸡毛蒜皮的小事争得脸红脖子粗，甚至拳脚相加，伤了和气。

⑥**忆乐忘忧。**在人生的旅途中，有时荆棘丛生，有时铺满鲜花，有时忧心如焚，有时其乐融融。对此应进行精心的筛选，不能让那些悲哀、凄凉、恐惧、忧虑、彷徨的心境困扰着我们。对那些幸福、美好、快乐的往事要常常回忆，以便在心中泛起层层涟漪，激发人们去开拓未来；对那些不愉快的事情、诸多的烦恼则尽量要从头脑中抹掉，切不可让阴影笼罩心头，而失去前进的动力。

⑦**淡泊名利。**现实生活中有的人把名利看得很重。得陇望蜀，欲壑难填，财

迷心窍，官瘾十足。有的为了名利，不择手段，一旦个人目的没达到，或者耿耿于怀，疑窦丛生；或者心事重重，一蹶不振。不要那么斤斤计较，不要把名利看得那么重，否则容易导致心理失衡。

除此之外，还要经常锻炼身体，合理饮食，养成良好的生活习惯，这些对于保持一份好心情也是至关重要的。

和谐的人际关系

想要让自己的人际关系更加和谐，就要学会尊重人与人之间的差异性，要知道不可能每个人都按照你的想法去说话去做事，每个人都是不同的。

黄金法则

当你希望别人怎么对待你的时候，那么你就怎么样去对待别人。如果你希望自己不喜欢的人不要理睬自己了，又不想得罪对方，那么最简单办法就是你不去理睬对方，即便对方主动联系你的时候也是一样的；如果你希望更多地了解对方，那么就要多与对方交流，找共同的话题，这样人际关系就会变得更加和谐。

要让自己的人际关系变得更加和谐，一定要建立自己的与人相处之道，知道自己会与什么样的人深交，会与什么样的人保持距离，针对不同的人就会采取不同的相处方式。不能简单粗暴地拒绝别人，这样不仅会伤害到别人，也会伤害到自己。

培养情商

要让自己的人际关系变得更加和谐，需要不断培养自己的情商，也就是当遇到自己不喜欢的人时也能够很快从不良的情绪中走出来，并且能够很好地调整自己。

控制情绪

当人处在一种不和谐的人际关系状况下，会变得紧张，甚至暴怒，会让人际关系走向另一个极端。要把握好自己的人际关系，就需要学会掌控自己的情绪，不要因为不良情绪而影响自己的判断。要做情绪的主人，能正视困难与挫折，勇于面对现实，找出问题的症结和解决的办法，而不是逃避、推卸责任。暗暗地告诉自己昨天已成过去，明天还很遥远，要把今天过好。

保持心理卫生

心理卫生也称精神卫生，它是关于保护与增强人的心理健康的心理学原则与方法。心理卫生不仅能预防心理疾病的发生，还可以培养人的性格，陶冶人的情操，促进人的心理健康。心理卫生的内容是十分广泛的。人在不同年龄阶段，各有一定的生理特点与心理特点，并且出现与之相联系的心理问题。根据不同年龄阶段的身心特点，有效预防一些心理冲突的发生，及时解决一些心理问题是个体心理卫生的主要目标。

心理学家将心理健康的标准描述为以下几点：

①有适度的安全感，有自尊心，对自我的成就有价值感。

②适度地自我批评，不过分夸耀自己也不过分苛责自己。

③在日常生活中具有适度的主动性，不为环境所左右。

④理智、现实、客观，与现实有良好的接触，能容忍生活中挫折的打击，无过度的幻想。

⑤适度地接受个人的需要，并具有满足此种需要的能力。

⑥有自知之明，了解自己的动机和目的，能对自己的能力做客观的估计。

⑦能保持人格的完整与和谐，个人的价值观能适应社会的标准，对自己的工作能集中注意力。

⑧有切合实际的生活目标。

⑨具有从经验中学习的能力，能适应环境的需要改变自己。

⑩有良好的人际关系，有爱人的能力和被爱的能力。在不违背社会标准的前提下，能保持自己的个性，既不过分阿谀，也不过分寻求社会赞许，有个人独立的意见，有判断是非的标准。

保证睡眠充足

教师只有保证了充足的睡眠才能生活好，工作好。经常睡眠不足时，教师将会无法保持最好的状态。这会体现在情绪、身体语言和皮肤上，会导致驼背、眼睑下垂、有黑眼圈或眼袋。一般来说，教师应每天尽量保证 7 ~ 9 小时的睡眠时间。

生活规律

每天的作息时间要规律，早睡早起。晚上不要熬夜，尽量在 11 点前入睡，如果超过 11 点，就不容易睡着了，就会失眠。早上 6 点左右起床。

坚持锻炼

现在的年轻人整天待在空调房里，每天面对的是电脑、手机，身体处于亚健康状态，坚持锻炼身体非常有必要。我们可以在早上和晚饭后进行一些适当的体育锻炼，这有利于促进睡眠。

正确的饮食习惯

一天的饮食要合理搭配，营养充足，多吃水果和蔬菜。晚饭不要吃得太晚，也不要吃得太饱，不要吃辛辣的、有刺激性的食物。不抽烟，不饮酒。

安静入睡

睡前不要看过于刺激的电影、电视剧，否则会使大脑处于兴奋状态，就不容易入睡了。睡前可以喝一杯牛奶，有安神的作用，也可安静地看看书，这些都有助于睡眠。

保持室内空气流通

经常失眠的朋友，往往害怕室外太吵，把窗户和门都关得紧紧的，其实这是错误的。只有经常开窗通风，室内空气才可保持清新，对我们的睡眠才有好处。

房间内花草不要摆放太多

有的朋友喜欢在室内摆放一些花草，这是可以的，但是不能摆放太多。因为花草吸收的是氧气，排出的是二氧化碳，摆放太多，在夜间花草就会跟我们争夺氧气。

听音乐

睡前可以听听音乐，但是最好是听轻音乐，这样有助于睡眠。要注意，音量不要过大，可以闭着眼睛听，最好不要用耳塞式的耳机听。

教师应拥有阳光心态

所谓阳光心态，就是快乐地生活工作，以积极的思维对待人和事，凡事多往好处想，充满热情和朝气，真心地、习惯性地帮助别人，能迅速转变和控制消极情绪。也就是用好的眼光去看待这个世界，相信世界总是美好的，光明的事物多，相信所有的事情总会因为自己的努力而向着好的方向发展。亚里士多德说："生命的本质在于追求快乐，使得生命快乐的途径有两条：发现使你快乐的时光，增加它；发现使你不快乐的时光，减少它。"

要具备阳光心态，必须做到以下几点：

①不能改变环境就要适应环境

人的能力是有限的，在环境面前力量是渺小的。当我们改变不了环境时，就得学会去适应环境，而不是让环境来适应你。

②不能改变别人就改变自己

每个人做事都有自己的原则，他那样做自然有他自己的道理，我们无权干

涉他，也没有能力干预他。不要拿别人的错误来惩罚自己。如果一味地要求别人按照你的想法去做，那只能是徒劳。也容易导致关系紧张，学会理解别人，换个角度，站在他人的立场去看问题，就会避免很多误解，心态也就平和了。

③不能改变事情就改变对事情的态度

人生中很多事情是不以我们的意志为转移的，有很多的无奈，如果一味地与生活较劲，那只能是拿鸡蛋碰石头。遇事千万别钻牛角尖，凡事努力去争取，能达到目的更好，不能如愿则顺其自然。

④学会灵活正确的比较

人不能只向上比，俗话说得好：人比人气死人。由于天赋、能力和机遇不同，付出同样的努力，其结局可能大相径庭。这时你不能怨天尤人，要学会向生活妥协。别总拿自己的短处与人家的长处比，寸有所长、尺有所短，有些人表面看似风光，其背后隐藏着很多你不知道的辛酸。这样想你的心态就会平和了。

⑤要永远活在当下，享受眼前的时光

别留恋和懊悔过去，对过去的事情你已经无能为力；更不要为未来而担忧，杞人忧天是自讨苦吃，因为谁都不知道下一秒钟会发生什么事情。生命中最重要的时间就是当下，唯有它才是最实在的，也是你最能够把握的。尽可能把眼前的事情做好，尽情享受眼前的时光。生命的美好在于过程，而不在于结果。把握当下就能把握今天，把握今天就能把握今年，把握今年就能把握好今生。

⑥简单从容，淡泊名利

物质的多寡、金钱的多少、地位的高低与是否幸福没有必然的联系。生活本来可以很简单：一日三餐、四季衣衫、房屋一间，夜眠只需三尺宽。别为那些生不带来死不带去的东西所累。人生的美好就是人情的美好，亲情、友情和爱情才是人世间最美好的，才值得我们用心去追求。对热爱生活的人来说，生活处处有美景、天天有好事。常怀一颗感恩的心，善待周围的每一个人，你会发现：生活原来是如此美好！

活在当下，导向未来，正确比较，淡泊名利，就能使你每天都拥有阳光心态。

3. 淡定对待职称评定

　　评估是一个单位对员工工作成绩的评价和估量，如果评估客观、真实、公平、公正，那么评估能调动员工的工作积极性，如果评估不客观、不真实、不公平就会打击员工的工作积极性。很多教师觉得，自己辛辛苦苦工作，可高级职称还是与自己无缘，这多不公平啊。很多人对职称带来的负面影响更是众说纷纭，有的说该取消职称评定，也有的说它有存在的道理，作为普通教师，该如何面对教师的职称评定呢？

保持淡定的心态

　　保持淡定，就是无论谁评上高一级的职称，既不羡慕，也不打压疏远，不与他人比职称比工资，只与他人比教学成绩、比谁带的班级优秀、比谁和学生或学生家长的关系融洽和谐。

把自己的全部精力都用到教学上

　　人的精力是有限的，如果把精力都用到教学上，就没有多余的精力和时间来考虑自己的职称和工资与他人差多少，就能从中得到解脱，去除自己心中的烦恼。

　　晋得上不窃喜，晋不上也不烦恼，再续努力。

4. 警惕"离退休焦虑症"

　　学习成长、工作养家、退休养老，可以说是绝大多数人一生主要经历的三个阶段。对于一生兢兢业业的教师来说，无论几十年的工作如何忙碌、如何重要，退休生活可不管你是否愿意接受，都要姗姗而来。忙忙碌碌的时候，很多老师还想着要停下来歇一歇。可到了退休后，生活仿佛被按下了暂停键，吵吵闹闹的学生不见了，关心孩子的家长们不见了，自己却不适应了。他们会觉得自己与社会脱节，以前总是有一群人围着自己问这问那，叽叽喳喳，热闹无比，而现在却成了"无人问津"的老人，天天在家闲着，感觉自己毫无价值。

退休之后的调适

　　退休初期，许多退休人士会很积极和开心，这是所谓的"蜜月效应"。在这段时期，他们可以享受轻松自在的时光，能随心所欲地做他们想做的事，这与天天工作截然不同。但慢慢地，现实终归是现实，他们必须调适自己以应对退休生活在情绪上和实际生活中的种种变化。

情绪问题

　　退休人士会怀念工作时的角色和与同事之间的社交关系。他们这段时间或许会感到悲伤和难过，这是正常且短暂的过程，若能成功安排自己满意的退休生活，就可克服这些情绪问题。然而悲伤难过的时间，也可能会因其他复杂的因素而拖延。这些因素包括意外或无奈退休、退休人士强烈认同之前的工作、退休人士缺乏社会与财务资源等。

　　退休人士在找寻继续工作的机会时也许会因为缺乏合适的工作、因为面对年轻员工的竞争或是因为缺乏相关的技能而无法如愿，这些都将导致他们感到受挫和愤怒，但这也是他们必须面对的情绪问题。同时，他们也需要重新定义夫妻关系，包括如何共度时光、怎样解决私人空间入侵引发的矛盾冲突，以及如何面对当家人与配偶外出工作时感受到的孤寂。

实际问题

　　未经规划的退休生活并不一定能令人满意，退休人士因此必须寻找新的活动和社交圈子。他们需要时间来发现并适应新的角色和活动。这样一来，将有助于他们逐渐建构一种新的身份认同，而这种身份认同正是有可能给予他们找到跟退休前一样或更大的满足感。

　　退休人士必须安排一种可以强化自己退休后身份的生活节奏，或是个人追求，或是参与有意义的活动，都应是一种很好的平衡与融合。

　　按照我国目前男性 60 岁、女性 55 岁的退休制度，人在退休后还有很长一段人生路要走，所以我们一定要好好安排退休后的生活，以提高退休后的生活质量。一个人在单位辛辛苦苦工作了几十年，突然退下来感到很焦虑，觉得没事情可做，大脑空空荡荡，吃不好，睡不好，浑身不自在，弄不好可能还要生病。

如何消除退休焦虑症

做到起居有常

生活作息要有规律，这有利于老年人的生理活动与心理活动，有利于老年人的身心健康。

要有自己的爱好

老年人可以学习或参与的非重体力的活动有绘画、书法、音乐、朗诵、棋牌等。这些活动既陶冶情操，还可使老年人远离孤单寂寞。但活动时间不要过长，内容不宜太惊险或太沉闷，场面不宜太闹太杂。

学会放下

对于儿女们的生活，不要越俎代庖。儿孙自有儿孙福，他们有他们的人生，路终归要他们自己走，该撒手的必须撒手，让他们自己独立。

学会享受生活

趁牙好，腿好，耳聪目明，思维还清晰，身体还健康，品一品天下美味，看一看大好河山，也不枉来世一遭。不要到了牙不行、走不动的时候自己埋怨自己，世上没有后悔药。

学会随遇而安

人生的路走过去了一大半，什么事情也司空见惯了，该磨的棱角已经磨去，真理有时候不见得是人多人少来认定的，没有必要凡事都去争高低，弄得不愉快，影响自己的身心健康。

善待老伴和挚友

俗话说"少年夫妻老来伴"，老的时候，再多的儿女不如一个知心的老伴，生病时，只有他（她）会一直陪着你，为你端水拿药。再者要有一两个真挚朋友，常与好友一起谈心、参加活动，放松自己，该说就说，该唱就唱，有利于释放自己的情绪。

5. 教师缓解压力的方法

教师职业的本职属性是育人。古往今来，社会要求教师"传道、授业、解惑"，要求"师者，人之模范也"，要求教师成为"人类灵魂的工程师"。新课程理念下要求教师成为学生学习的引导者、服务者，社会评价尺度对教师要求很严，社会大众对教师期望值很高。除了社会的压力，教师还要面对来自学生和家长的压力，来自工作的压力，来自自我发展和家庭生活的压力。在这样的压力下，教师容易生气、愤怒，感情用事。这种不良情绪若不能及时加以调控，它就会像无情的洪水一般冲破理智的闸门，做出有悖于师德和法律的后悔事来。

正确应对压力

压力存在于我们的工作、生活中，它对我们的影响有好有坏，面对压力，我们不是被动的，我们有能力去调整，将其变成一种推动我们前进的动力。应对压力，可以从多方面进行调整。

正确认识压力

要想缓解压力，首先要对压力有一个正确的认识。没有压力的生活是不存在的，也是可怕的，没有压力也就没有动力，适当的压力是我们前进的能量，让我们有目标，有方向。虽然很多时候，过多的压力确实让我们透不过气来，但我们可以通过自我调整来使压力恢复到一个适当的水平。

改变认知和思维模式

当压力产生的时候，你脑子里想的是什么？也许你会觉得："天哪，为什么会这样？""这很糟糕""我无法应对"，这样的想法只会让你在压力面前寸步难行。试着换一种思维模式，"这很难，但我可以去尝试""虽然很不容易，但是这是一个机会，通过它我可以学到更多的东西"。这些想法是否会让你更加有动力去行动呢？我们的行动受我们的思维影响，从思维上开始改变，你会发现行动起来其实也没有那么难。

调整行动

因为压力，你觉得累，觉得辛苦，想着"让我再歇一会儿吧"。没错，压力会让你的信心有所减低，但是你如果只是停留在原地埋怨、释放出负面情绪，你只会感觉到压力越来越大。动起来，你走一步，就是前进了一步。如果现在的工作步骤你觉得效率太低了，那么就换一种形式，改变你的工作方式，可能会有意想不到的效果。

营养调整

当我们的身体感觉到压力时，体内的各种激素会发生一系列的变化，进而影响我们的身体感受和内心感受。通过营养的调整，让体内激素恢复到一个正常水平，有助于我们减少对压力的感受。保持三餐规律，并增加维生素、蛋白质、钙质的摄入，会对缓解压力有所帮助。

让生活变得有规律

规律的生活会让我们在处理各种事情时心态更加平稳，避免受到过多意外情况的干扰，加重我们的压迫感。规律的生活，除了指规律的饮食及日常作息之外，更指生活的有松有紧，松紧结合，才能让我们的身体和心理都达到一种平衡的状态，让身心得到休息，自然有助于我们更好地应对压力。

利用运动帮助解压

通过运动，能够将身体的一些负面能量宣泄出去，让身体重新获得活力。选对时间做运动，每天下午四五点到傍晚的时间做运动的话，既能帮助消除一整天的疲劳感，还可以帮助睡眠。

让优质睡眠补充能量

很多年轻人不注重睡眠的质量，以为年轻就可以为所欲为，但是，不良的睡眠习惯会影响我们日常的工作及生活。成年人每天需要 7 ~ 8 小时的睡眠，过多或过少都不合适。睡眠过多或过少，死亡率会明显增加。养成好的睡眠习惯，能为你每一天的工作提供更多的能量，让你的生活和工作更加有效。

学会放松的技巧

放松练习能够帮助我们在感觉到压迫、难受的时候，给我们以舒适缓解的效果，长期坚持放松训练，更可以让我们调整自己应对压力的模式，让我们更平静、更有效地处理压力，心态也会随着发生变化。最常用的放松方法是清肺呼吸，利用腹式呼吸先深深吸一口气，然后屏住呼吸，保持 5 秒，再慢慢呼气，感觉把整个身体都排空，多练习会更加容易感受到身体的放松。身体的放松会让我们的内心也变得平静。

学会与压力和平共处

人所能承受的心理压力是有一定限度的，当压力超过这个极限时，就会出现一系列身心问题，甚至还会威胁到健康。因此，现代人要学会与压力和平共处。要拒绝不适当的压力，就要掌握减压的方法，这是现代人生存必不可少的一项技能，减压可以从心理和行动两方面入手。

心理方面的减压不妨试试以下方面：

一是角色隔离。 人们要区别班上班下所扮演的角色，身着职业装时是职业角色，回家换上便装就是其他社会角色，这时要将工作中的不良情绪与自己的现实生活"隔离"开，不能整天都想着工作，要学会平衡生活，分出一些时间给家庭、朋友、嗜好等。

二是换位思考。 工作中的某些压力实际上来自不愉快的人际关系。建议人们在工作中无论发生了哪些不愉快的事情，事过之后，不妨换个角度为上级想一想，替下属考虑考虑，自己内心的感受就会发生变化，或许留下的不只是愤怒、郁闷和恼火。

三是学会聆听。 聆听时既要听取他人的想法和建议，从而消除人与人之间的隔阂，也要聆听自己的心声。忙碌之后给自己留出一段空闲的时间，和自己的心灵做一次交流。

四是助人为乐。多帮助朋友，为同事分担喜和忧，在与他人的交往中，就不会再感到孤独，而且得到了朋友的支持，一定程度上还有助于减轻心理方面的困惑和压力，尤其是当一个人遇到不良生活事件时，避免于困境中"孤军作战"，才能更容易地找回轻松与快乐。

减压光靠心理调节还不够，还需要行动的配合，通过一些快乐的活动才能彻底摆脱内心的烦恼。压力太重背不动了，那就放下来不去想它，把注意力转移到让你轻松快乐的事情上来。比如做运动，运动是一个很好的发泄方法，运动之后，人就会感到很轻松，这样就可以把压力释放出去。另外，还可以多关注一些快乐的事情，比如风景、幼童天真的笑脸等。学会为自己创造轻松愉悦的心境，创造生活的乐趣。

教师减压"呼吸操"

现代人由于久坐、缺少运动，许多人的呼吸又浅又短，仅用胸式呼吸。这种呼吸方式每次换气量非常小，在正常呼吸频率下通气不足，会使体内的二氧化碳累积，导致脑部缺氧，出现头晕、乏力的症状。为了更好地发挥呼吸器官的潜力，人们应该有意识地加深呼吸，避免快而浅的呼吸。

正确呼吸最关键的有两点：一是要缓和吸，也就是吸气的时候要均匀缓慢，尽量深吸，让气体能充盈肺泡；二是要用力吐，吐得干净，这样才能将废气全部排出体外，保障交换的气体多些。最科学的呼吸方法为：吸—停（屏气10～20秒钟）—呼。这样呼吸可使副交感神经兴奋性增强，也可使肠鸣次数增加，有利于消化吸收，从而有益健康。

深呼吸好处多

深呼吸能防治呼吸系统疾病。常见的呼吸系统疾病包括慢性支气管炎、哮喘、肺气肿。这些病人的肺部都处于无弹性和扩张状态，影响肺活量。而进行深呼吸能逐步增大肌肉收缩力，有利于胸、肺的有效扩张，增强肋间肌活力，可以逐步恢复其弹性和肺活量。

深呼吸能帮助人们减压，缓解失眠。当人们主动调节呼吸的深度和频率时，就能有效放松绷紧的神经，舒缓焦虑的心情。因为压力造成的颈部疼痛，通过瑜伽中的呼吸练习，疼痛感将会减弱。失眠的人也可用呼吸法来帮助入睡，通过降低呼吸节奏、平缓呼吸，能减轻失眠症状。

每天10分钟呼吸操来健肺

呼吸操锻炼可以有效地改善肺功能。

①腹式呼吸。 指吸气时让腹部凸起，吐气时让腹部凹入的呼吸方法。取平卧位、半卧位或立位，初学者以半卧位最适合。将两手分别放在腹部和前胸部，全身肌肉放松，平静呼吸，经鼻吸气，从口呼气，呼吸时要缓慢均匀。每日训练2次，每次10～15分钟。熟练后，可增加训练次数和延长训练时间。经常练习有安定神经的作用。

②缩唇呼吸。 以鼻吸气，缩唇呼气。即在呼气时收腹，胸部前倾，口唇缩成吹口哨状，使气体通过缩窄的口形缓缓呼出。吸气与呼气时间比为1∶2或1∶3，要尽量做到深吸慢呼，缩唇程度以不感到费力为适度。呼出的气体以使15～20厘米远的蜡烛火焰被吹倾斜而不熄灭为标准。每分钟7或8次，每天锻炼2次，每次10～20分钟。

③节律呼吸。 走3～4步用鼻吸气，再走3～4步用鼻呼气。步速与呼吸节律要很好地配合。

④鼓励呼吸。 先吸足气憋片刻，然后通过齿缝向外呼气，并发出"嘶嘶"声。

⑤胸式呼吸。 深吸气，使胸一直扩张，然后不间断地渐渐把气呼出。

⑥上胸式呼吸。 将两手掌按在锁骨上，然后上胸部扩张吸气，待吸气后再向外呼气。呼吸要均匀，节奏可逐步加快。

PART
7

教师健康中医保健法

1. 常按这些穴位，远离疾病

百会穴——滋阴补阳

"百"，指数量众多；"会"，交会，聚集的地方。本穴位于众多经脉交会处，故名"百会"。百会穴不但能统调经脉之气，而且为督脉之要穴，可治疗全身疾病。督脉能统督一身之阳，故艾灸百会穴可提补清阳之气而上升，对气虚下陷、阳气不升、气虚升提无力、清窍失养等疗效显著。督脉又与任脉相通，任脉可统督诸阴经之脉，故百会穴居高临下，不但可提补诸阳经之气，又能调理诸阴经之血，气盛则能生血，血足则气能得固。

取穴

百会穴位于人体的头顶正中央，后发际正中之上7寸处

百会穴适应证

阳气不足：表现为平时比较怕冷，一年四季手脚偏凉；面色偏白或有时候带一点儿青色；喜欢吃偏热的东西；大便偏稀，小便比较频繁且清长。

中气下陷：气短、胸部憋闷、胃下垂、子宫脱垂、食欲不振、肚子发胀、痔疮、脱肛等。

神志不宁：失眠、健忘、反应迟钝、烦躁不安或感情淡漠、对事情缺乏兴趣、嗜睡等，头痛、头晕、头胀、头部怕风、头部感觉异常、脱发、斑秃等头部经脉不通的症状。

百会穴保健方法

可按揉，力度适中，以舒适为度，也可艾条温和灸。医家也常用直接灸百会穴的方法来治一些急病重病。百会配人中穴、足三里穴治低血压；百会配养老穴、风池穴、足临泣穴治梅尼埃病；百会配人中穴、京骨穴治癫痫。

太阳穴——消除疲劳

"太"指高或极的意思，"阳"指阴阳。本穴位于头颞部微微凹处，俗称为太阳穴。但本穴位于它的上面，也称之为"太阳"。

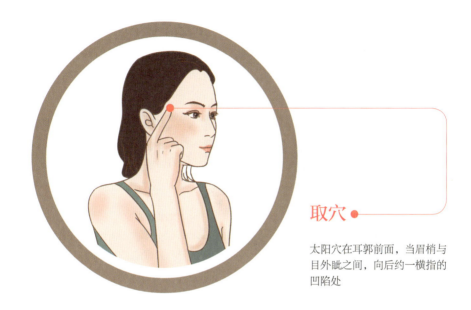

取穴

太阳穴在耳郭前面，当眉梢与目外眦之间，向后约一横指的凹陷处

太阳穴属经外奇穴，有清肝明目、通络止痛的功效，常用于头痛、目赤肿痛、口眼㖞斜、牙痛、三叉神经痛、视神经萎缩等病症。太阳穴配当阳穴、耳尖穴治急性结膜炎；太阳穴配通里穴、风池穴治头晕目眩、眼花；太阳穴配列缺穴、头维穴治疗头痛、偏头痛。

按摩

用拇指指腹顺时针揉按太阳穴30~50次，长期按摩，有改善视力、预防头痛等作用。

艾灸

用艾条温和灸法灸治太阳穴10分钟，每天一次，可治疗偏头痛、眼睛疲劳、牙痛等。

刮痧

用角刮法刮拭太阳穴1~2分钟，力度轻柔，每天一次，可治疗头痛、头晕、目眩等病症。

印堂穴——安神定惊

"印"，为图章的意思；"堂"，庭堂在中间。本穴位于人体面部前正中线上，两眉头连线的中点处，故称"印堂"。

取穴

印堂穴位于人体额部，两眉头的正中

印堂穴属经外奇穴，有醒脑开窍、通鼻明目的功效，主治头痛、头晕、鼻塞、鼻炎、高血压、失眠、神经衰弱、痴呆等病症。印堂配迎香穴、合谷穴治鼻渊、鼻塞；印堂配太阳穴、百会穴、太冲穴治头痛眩晕。

按摩

将食指中指并拢，用两指指腹揉按印堂穴2~3分钟，长期按摩，有安神定惊、通经活络的功效，可治疗头痛、头晕、三叉神经痛等病症。

艾灸

用艾条温和灸法灸治印堂穴10分钟，每天一次，可治疗失眠、鼻炎、流鼻涕、高血压等病症。

刮痧

用刮痧板角部刮拭印堂穴2分钟，由上至下，力度轻柔，每天一次，可治疗鼻部疾病、眼部疾病。

膻中穴——抗衰老

"膻"这里指的是胸部；"中"指中央、中点。本穴位于胸前正中线上，两乳头连线的中点处，故称为"膻中"。

取穴 ●

膻中穴位于胸前正中线上，两乳头连线的中点

膻中穴有活血通络、清肺止喘的功效，主治胸痛、腹痛、呼吸困难、咳嗽、心悸、心绞痛、乳腺炎等病症。膻中配天突穴，有理气平喘的作用，治哮喘；膻中配肺俞穴、丰隆穴、内关穴治咳嗽痰喘；膻中配厥阴俞穴、内关穴，有安定心神的作用，治心悸、心烦、心痛；膻中配曲池穴、合谷穴治急性乳腺炎；膻中配中脘穴、气海穴，有理气和胃的作用，治呕吐反胃；膻中配乳根穴、合谷穴、三阴交穴、少泽穴治产后缺乳。

膻中穴隶属任脉，同时也是心包经的募穴，八会穴之气会。膻中穴能为人体提供最重要的物质就是气。所以，但凡与气有关的疾病，如气机郁滞、气虚等病症都可以找膻中穴来医治。刺激膻中穴的方法有很多，其中艾灸较为常见。

艾灸

艾灸膻中具有理气活血、宽胸利膈、宁心安神、健胸丰乳、催乳等功效。现在临床常用艾灸膻中穴的方法来治疗支气管炎、胸膜炎、冠心病、心痛、心律失常、乳腺炎、乳腺增生、食管炎、食管痉挛、梅核气、肋间神经痛、肺痨等症。一般来说，艾灸膻中穴，如果用艾炷灸，须灸3~5壮；如果用艾条灸，则须5~10分钟。

按摩

用手掌大鱼际擦按膻中穴5~10分钟，长期按摩，可改善呼吸困难、心悸等。

刮痧

用角刮法刮拭膻中穴，稍出痧即可，隔天一次，可治疗胸痛、腹痛、呼吸困难、咳嗽等病症。

关元穴——培元固本

"关"关卡的意思，"元"指元首、首脑。下部气血上传时，在经过本穴会得到整顿，整顿后只有小部分可继续上传，故名为"关元"。关元穴是小肠的募穴，小肠之气结聚此穴并经此穴输转至皮部。它为先天之气海，是养生吐纳吸气凝神的地方。古人称之为人身元阴元阳交关之处，老子称之为"玄之又玄，众妙之门"。

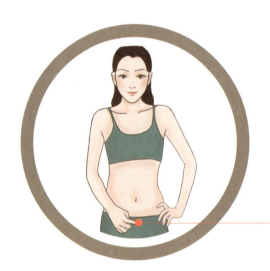

取穴 ●

关元穴位于下腹部，前正中线上，当脐中下3寸

关元穴属任脉，是一个保健要穴，有补肾、补气血、助阳驱寒、宣肺理气、健脾和胃、调理气血、固本培元、沟通任督二脉、调和阴阳等作用。关元穴对于因气血不足、阳虚有寒所致的失眠有很好的缓解作用。这类患者一般表现为畏寒、舌苔白、腰膝酸软、易感冒。一般来说，睡前艾灸，助眠作用最佳。

按摩

手掌放在穴位上，顺时针按摩，同时注意调整呼吸。按摩3～5分钟后，搓热双手叠放于关元穴上，呼气时下按，吸气时掌根紧贴皮肤上抬，如此反复3～5分钟，至下腹部有温热感为宜。注意：要带动皮下组织一起运动，而非只是在表皮画圈。

艾灸

用艾条温和灸法灸治关元穴5～10分钟，每天一次，可治疗荨麻疹、痛经、失眠等症状。

拔罐

用气罐留罐关元穴10～15分钟，隔天一次，可治疗失眠、痢疾、脱肛等病症。

气海穴——常按摩气不虚

气海穴是补气的要穴。气海，任脉水气在此吸热后气化胀散从而化为充盛之气，因此，本穴如同气之海洋，所以得名"气海"。前人有"气海一穴暖全身"的说法，是说气海穴具有温阳益气、化湿理气的作用。

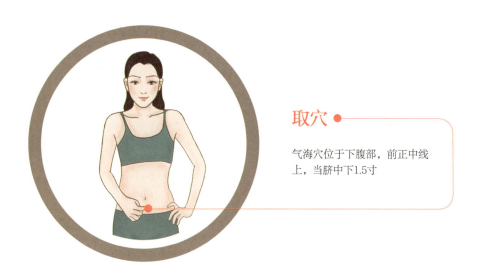

取穴

气海穴位于下腹部，前正中线上，当脐中下1.5寸

中医认为气海穴所在之处是人体之中央，是生气之源，人体的真气由此而生，所以对于阳气不足、生气乏源所导致的虚寒性疾病，气海穴往往具有温阳益气、扶正固本、培元补虚之功效。我们常说的下丹田，实际上就是指以气海穴为中心的一定区域。

《黄帝内经》云："正气存内，邪不可干。""邪之所凑，其气必虚。"说到邪，我们先来说湿邪，它常常在疾病生成过程中扮演着重要角色，体内有了湿邪，就会阻滞气机，病症就会因此产生。而气海穴作为人体中阳气蒸发阴液的关键之处，对于湿邪为患、气机不畅所导致的各种疾病，如绕脐腹痛、水肿鼓胀、脘腹胀满、水谷不化、大便不通、遗精、阳痿、疝气、月经不调、痛经、经闭、产后恶露不止、胞衣不下、脏气虚惫、形体羸瘦、腰痛、食欲不振、夜尿症、儿童发育不良等，具有良好的疗效。气海穴为人体诸气之海，有大补元气、总理下焦气机的功用，经常刺激气海穴，可以调整脏腑、调和阴阳，有延缓机体衰老的功效。

经常按摩气海穴，能使百体皆温、脏腑皆润，促进肠胃蠕动、气血顺畅，强化肝脏及消化道功能。按摩的方法：先以右手掌心紧贴气海穴，按顺时针方向分小圈、中圈、大圈，按摩100～200次。再以左手掌心，按逆时针方向，如前法按摩100～200次。动作要轻柔缓慢，按摩至有热感，你就能感觉到体内的气血顺畅，身体轻松。

天枢穴——促进血液循环

天枢星，为北斗星的北斗一。本穴气血的运行有两条路径，一是穴内气血外出大肠经的天部，二是穴内气血循胃经运行，胃经上、下两部经脉的气血相交本穴后，因其气血饱满，除胃经外无其他出路，因此上走与胃经处于相近层次的大肠经，也就是向更高的天部输送，故称"天枢"。

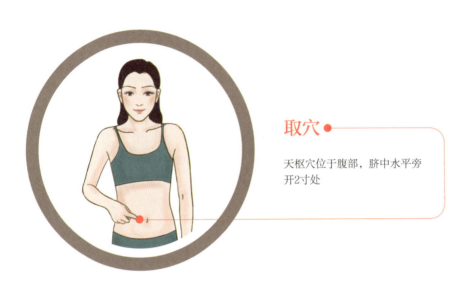

取穴

天枢穴位于腹部，脐中水平旁开2寸处

常按天枢穴，可使胃经和大肠经保持活络，促进胃经内气血循环，帮助气血由胃经输向大肠经。胃经气血充盈，则消化功能增强，就给生血系统提供足够的精微物质，为补血提供最基础的动力；大肠经气血充盈，则可保证循环、排泄功能正常，既止泻又通便，保持肠道清洁，使人免受"毒素"的困扰。

按摩

双手拇指下压（力度适中）左右两边天枢穴，由外向内打圈按摩，每天100～200下，既补血又排毒。

艾灸

用艾条回旋灸法灸治天枢穴10分钟，每天一次，可治疗腹痛、腹胀等病症。

刮痧

用面刮法刮拭天枢穴，以出痧为度，隔天一次，可治疗肠鸣、腹泻等病症。

肝俞穴——补血养肝，保护眼睛

肝，肝脏也；俞，输也。"肝俞"的意思指肝脏的水湿风气由此外输膀胱经。

取穴

肝俞穴位于背部，第9胸椎棘突下，旁开1.5寸

肝俞穴有疏肝利胆、降火、止痉、退热、益肝明目、通络利咽、疏肝理气、行气止痛等功效，可以散发肝脏之热，主治胃肠病、胸痛腹痛、肝病、老人斑、皮肤粗糙、失眠等疾病。肝俞与太冲搭配，能补肝阴、养肝柔肝；配期门，有清利肝胆湿热的作用，主治肝炎、胆囊炎、胁痛；配肾俞、太溪，有滋阴养血补肾的作用，主治健忘、失眠；配大椎、曲池，有清热泻火、安神定志的作用，主治癫痫、精神分裂症。

按摩

用拇指按揉肝俞穴100～200次，每天坚持，能够治疗咳嗽、口苦。

艾灸

用艾条温和灸法灸治肝俞穴5～20分钟，每日一次，可改善疝气、腹痛。

拔罐

用火罐留罐肝俞穴5～10分钟，隔天一次，可缓解咳嗽、肩背痛等。

刮痧

用面刮法，即刮痧板倾斜45°，用刮痧板的1/3边缘接触皮肤，从上而下刮拭肝俞穴，力度微重，出痧为度。隔天一次，可治疗胁痛、目赤等疾病。

血海穴——养血调血

血海，顾名思义，就是说气血充盈如大海。血海穴是脾经所生之血聚集之处，有化血为气、运化脾血之功能，是人体足太阴脾经上的重要穴位之一。"缘何血海动波澜，统血无权血妄行"，它还有引血归经、治疗血证的功效。其实在古代，人们就在不经意间发现刺破这个地方可以去除人体内的瘀血，并促生新血。

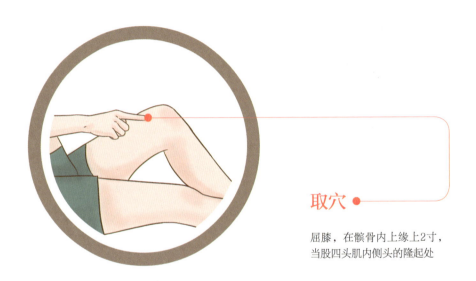

取穴

屈膝，在髌骨内上缘上2寸，
当股四头肌内侧头的隆起处

血海穴与月经有一定的关系，它是女性调血的大穴。如果女性的月经量过多或者不足，都可以通过血海穴来调理。女性在月经来潮的前几天开始按摩血海穴，再配合按摩三阴交穴和太溪穴，可以非常有效地控制痛经和经量过多或者过少的情况。

如果在痛经的同时还会呕吐，可以在按摩血海穴的同时，按摩足三里穴，能够立刻缓解呕吐症状。如果觉得按摩需要耗费比较大力气的话，可以用双手拍打血海穴，每次拍打10秒，连续拍打3～5次，可以有效治疗月经不调和痛经，以及因为气血瘀滞引起的肥胖等症。有关节痛的患者，也可以按摩血海穴。因为脾经正好经过膝盖，而血海穴恰好位于膝盖上方外侧，按摩血海穴刺激脾经，就可以使膝盖部位气血充盈，气血通畅可以有效缓解疼痛和其他症状。

每天上午9～11点刺激血海穴效果最好，这个时辰是脾经经气的旺时，人体阳气处于上升趋势。直接按揉就可以，每侧3分钟，力量不宜太大，感觉到穴位处有酸胀感即可，要以"轻柔"为原则。晚上9～11点辅以艾灸效果更佳。

足三里穴——补气健脾

足，足部的意思；三里，指穴内物质作用的范围。胃经气血物质在此形成较大的范围，本穴物质为犊鼻穴传来的地部经水，至本穴后，散于本穴的开阔之地，经水大量气化上行于天，形成一个较大气血场范围，如三里方圆之地，故称"足三里"。足三里属于足阳明胃经上的穴位，而足阳明胃经属于多气多血的经络，因此刺激足三里可以旺盛后天之本，使气血生化有源，也就有了补益气血、培补元气的功效，对于由于气血亏虚引起的头晕、耳鸣、神经衰弱等病症有非常好的改善作用。胃动力不足的人、胃气虚的人，经常拍打、按摩或艾灸足三里穴都会很有帮助。

取穴

足三里穴位于犊鼻穴下3寸。屈膝成90°，由外膝眼往下量四横指距胫骨外一横指处。

按摩足三里

俗话说"常拍足三里，胜吃老母鸡"。老母鸡被公认为具有很好的补肾益精、补血养阴的作用，而长按足三里穴同样有吃老母鸡的效果。用手指指腹推按1~3分钟，长期按摩可以补益气血、滋养脑髓。

敲打足三里

敲打足三里穴是保障肝血充足的首选。肝藏血，肝脏就像人体的血库，尤其是晚上睡觉以后，血液就会回流到肝脏，净化以后再流到身体的其他器官。对于用眼过度、失眠熬夜而伤肝的朋友来说，敲打足三里穴不失为一个好办法。伤肝可能会导致血虚，而气血亏虚可以引起各种肝胆疾病，甚至危及全身。

艾灸足三里

用艾条温和灸法灸治足三里穴5~10分钟，每天一次。
脾是后天之本，是生化的源泉，是生命的根本。灸足三里穴，有温中散寒、健运脾阳、补中益气、宣通气机、导气下行、强壮全身的作用。三里之灸可以祛病延年，所以自古以来把灸足三里穴又称为长寿灸。因此，灸足三里穴不但可以宣导气机、补益气血，而且也是健康长寿的必要之术。不过需要注意的是，胃酸过多、空腹烧心时，不适合灸足三里穴，灸与它邻近的阳陵泉穴有良效。

刮痧足三里

用面刮法刮拭足三里穴，以皮肤潮红发热即可，隔天一次，可治疗呕吐、腹胀、肠鸣、消化不良等病症。

三阴交穴——调脾胃、养肝血

　　三阴，足三阴经；交，交会。本穴物质有脾经提供的湿热之气，有肝经提供的水湿风气，有肾经提供的寒冷之气，三条阴经气血交会于此，所以名"三阴交"。三阴交穴属手足太阴脾经，有健脾利湿、兼调肝肾的作用，主治肠鸣、腹胀、腹泻、消化不良、心悸、失眠、高血压、湿疹、水肿、妇科疾病、男科疾病等病症。脾化生气血，统摄血液，肝藏血，肾精生气血。因此，揉按此穴除可健脾益血、行气活血外，还可养肝补肾。

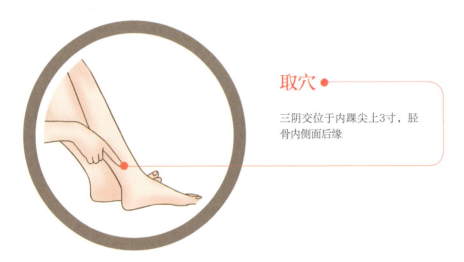

取穴

三阴交位于内踝尖上3寸，胫骨内侧面后缘

　　三阴交配天枢、合谷，有清热除湿、健脾和中的作用，主治小儿急性肠炎；配中脘、内关、足三里，有活血化瘀的作用，主治血栓闭塞性脉管炎；配阴陵泉、膀胱俞、中极，有利尿的作用，主治癃闭；配中极、天枢、行间，有疏肝理气、活血化瘀的作用，主治月经不调、痛经；配阴陵泉、四白、足三里、脾俞、肾俞、光明，有益气健脾生津、滋养肝肾、补肾填精的作用，主治肾水将枯。

按摩

用拇指按揉三阴交穴100～200次，每天坚持，能够治疗月经不调、腹痛、泄泻。

艾灸

用艾条温和灸法灸治三阴交穴5～20分钟，每天一次，可改善水肿、疝气、痛经。

刮痧

用角刮法，即刮痧板倾斜45°，从上向下刮拭三阴交穴3～5分钟，隔天一次，可缓解湿疹、水肿。

涌泉穴——补肾健脾

涌泉穴被称为"长寿穴"，是脚底的一个穴位。此穴的意思是体内肾经的经水由此外涌而出体表。本穴为肾经经脉的第一穴，为全身腧穴的最下部，它连通肾经的体内体表经脉，肾经体内经脉中的高温高压的水液由此外涌而出体表，所以名"涌泉"。

取穴

涌泉穴位于足前部凹陷处第二趾、第三趾趾缝纹头端与足跟连线的前1/3处，与后跟2/3交点上

中医认为，肾是人体一个极其重要而又包含多种功能的脏器，内藏元阴、元阳（肾之阴阳的别称），为水火之宅，是先天之本、生命之根。《黄帝内经》中说："肾出于涌泉，涌泉者足心也。"意思是说，肾经之气犹如源泉之水，来源于足下，涌出灌溉全身四肢各处。所以，涌泉穴在养生保健方面具有重要的作用，经常按摩可起到补肾固元的功效。

通过刺激涌泉穴，可以促进人体内的气血循环，调整人体的代谢过程，而且还能刺激大脑皮质神经，使人感到轻松舒适，有防治神经衰弱和失眠的作用。

摩擦

端坐于椅子上，先将右脚架在左腿上，右手握着右脚脚趾，再用左手掌摩擦右脚心的涌泉穴，直至脚心发热。再将左脚架在右腿上，用右手掌摩擦左脚心的涌泉穴，也是摩擦到脚心发热为止。

浸泡

每天晚上临睡前用热水浸泡双脚，水温以自己能适应为宜，加少许食盐，浸泡15～30分钟。

拍打

在床上取坐位，双脚自然分开，脚尖朝上，或取盘腿坐位，然后用双手自然轻缓地拍打涌泉穴，拍打至脚底有发热的感觉为止。

2. 常用这些中药材，药膳保健康

枸杞

养肝明目

每日用量: 3~15克。

有效成分: β-谷固醇、甘露醇、豆固醇、菜油固醇、地黄素、生物碱、脂肪酸、梓醇、葡萄糖、维生素A类物质、丁二酸、胡萝卜苷等。

性味归经: 性平，味甘。归肝、肾经。

食养功效:

枸杞富含多种维生素、β-谷固醇、蛋白质、烟酸、酸浆红素以及铁、钙、磷、镁、锌等多种营养元素。枸杞有降低血糖、抗脂肪肝作用，并能抗动脉粥样硬化。其富含枸杞多糖，能够增强非特异性免疫功能，提高抗病能力，抑制肿瘤生长和细胞突变。此外，枸杞还是滋肾润肺、补肝明目的佳品。

推荐食疗方：生姜枸杞粥

材料:

水发大米150克，枸杞12克，姜末10克

做法:

1.砂锅中注入适量清水烧开，倒入洗净的大米拌匀，用大火煮至沸，撒上姜末，盖上盖，烧开后用小火煮约30分钟至大米熟透。

2.揭盖，倒入洗净的枸杞，搅拌匀，转中火煮至断生，关火后盛出煮好的粥，装入碗中即可。

莲子

养心益肾

每日用量： 50克。

有效成分： 含有淀粉、棉籽糖、蛋白质、脂肪、糖类及钙、磷、铁等矿物质，还含有β-谷固醇、β-谷固醇脂肪酸酯、维生素C、葡萄糖、叶绿素、棕榈酸及谷胱甘肽。

性味归经： 鲜品性平，味甘、涩；干品性温，味甘、涩。归心、脾、肾经。

食养功效：

莲子对男子遗精、心烦失眠、脾虚久泻、大便溏泄、久痢、腰疼、记忆力衰退等症有一定食疗效果。莲子还有促进凝血、使某些酶活化、维持神经传导性、镇静神经、维持肌肉的伸缩性和心跳节律等作用，对神经衰弱、慢性胃炎、消化不良、高血压等症也有一定疗效。

推荐食疗方：安神莲子汤

材料：

木瓜50克，水发莲子30克，百合少许，白糖适量

做法：

1.洗净去皮的木瓜切成厚片，再切成块，备用。

2.锅中注水烧热，放入切好的木瓜，倒入备好的莲子拌匀，盖上盖子，烧开后转小火煮10分钟至食材熟软，揭开盖子，将百合倒入锅中拌匀，加入少许白糖，搅拌均匀至入味。

3.将煮好的甜汤盛出，装入碗中即可。

熟地

滋补肾阴

每日用量： 5~20克。

有效成分： β-谷固醇、甘露醇、豆固醇、菜油固醇、地黄素、生物碱、脂肪酸、梓醇、葡萄糖、丁二酸、胡萝卜苷等。

性味归经： 性微温，味甘。归肝、肾经。

食养功效：

熟地甘温质润，补阴益精以生血，是女性养血补虚的重要药材。熟地有滋阴补血、益精填髓的功效，用于肝肾虚、腰膝酸软、盗汗遗精、内热消渴、血虚萎黄、心悸多梦、月经不调等，也是治疗糖尿病、慢性肾炎、高血压、神经衰弱等症的常用药材。中医认为，阴血同源，养血、滋阴应同步进行，熟地与当归搭配，可以通过补血达到养阴的目的，滋阴又是补血的有效方法之一。而且当归本身具有非常好的活血功能，补而不滞，熟地和当归结合使用远胜于一药单用。

推荐食疗方：熟地黑枣炖鸡

材料：

鸡腿肉160克，排骨150克，黑枣40克，熟地20克，黄酒50毫升，枸杞20克，姜片、葱段各少许，盐1克

做法：

1.取一个较深的大碗，放入洗净的鸡腿肉、排骨，放入黑枣、姜片、熟地。

2.加入葱段、枸杞，倒入黄酒，撒上盐，封上保鲜膜，待用。

3.电蒸锅注水烧开，放入食材，盖上盖，蒸40分钟至食材熟透入味。

4.揭开盖，取出蒸好的食材，撕开保鲜膜即可食用。

天麻

理气止痛

每日用量：4.5~10.0克。
有效成分：天麻苷、天麻醚苷。
性味归经：性平，味甘。归肝经。

食养功效：

天麻息风、定惊，主治眩晕、头风头痛、肢体麻木、半身不遂、语言謇涩、小儿惊痫动风，并有降低血压、扩张脑血管、增加脑血流量和镇静、镇痛作用，能够治疗中风后偏瘫、肢体麻木、语言不利、头晕头痛、烦躁口苦等因肝风内动所引起的症状。天麻与钩藤比较，两者功用大同小异，且常同用。区别是钩藤偏寒，偏于治疗因热而生风的头痛晕眩；天麻甘湿而燥，偏于治疗风寒夹有痰湿引起的头痛晕眩。需注意使御风草根，勿使天麻，若同用，即令人有肠结之患。

推荐食疗方：天麻炖鸡

材料：

鸡肉400克，水发黄花菜100克，红枣20克，天麻10克，花椒、姜片、葱段各少许，盐、鸡粉各2克，料酒7毫升

做法：

1.洗净的黄花菜切除根部。

2.锅中注水烧开，放入处理干净的鸡肉略煮，淋入少许料酒煮约半分钟，捞出，沥水待用。

3.砂锅中注水烧开，撒上洗净的花椒，放入姜片，再倒入洗净的红枣、天麻，放入鸡肉，倒入切好的黄花菜拌匀，淋入适量料酒提味，盖上盖，煮沸后用小火炖煮约1小时至食材熟透，揭盖，加入鸡粉、盐，搅匀提味，用大火续煮一会儿至汤汁入味。

4.关火后取下砂锅，趁热撒上葱段即可。

黄芪

补气健脾

每日用量： 常用量3~9克。

有效成分： 黄芪多糖、黄芪甲苷、黄芪皂苷、大豆皂苷、甜菜碱、胆碱。

性味归经： 性微温，味甘。归肺、脾、肝、肾经。

食养功效：

黄芪可补气升阳，主治脾胃气虚证、中气下陷证、血痹麻木不仁；黄芪亦可益卫固表，主治肺气虚、表虚自汗且外感者；亦能利水消肿，主治气虚浮肿、小便不利；黄芪还能托毒生肌，主治气血不足、脓不成溃、久溃不敛。黄芪富含黄芪多糖，它可以保护和改善骨髓造血环境，促进外周造血干细胞的增殖和动员，促进内源性造血因子的分泌。因此，黄芪还能强心、保护心肌细胞、调节血压、抗脑缺血。

推荐食疗方：人参黄芪鸡汤

材料：

鸡腿肉块200克，水发糯米120克，红枣、黄芪各20克，姜片15克，人参10克，盐3克，鸡粉2克，料酒5毫升

做法：

1.锅中注入适量清水烧开，倒入洗净的鸡腿肉块，搅拌匀，淋入料酒，用大火煮一会儿，余去血渍，沥干水分，待用。

2.砂锅中注入适量清水，用大火烧开，放入备好的姜片，加入洗净的红枣、黄芪、人参片，倒入鸡肉块，再放入洗净的糯米，搅拌匀，使材料散开。

3.盖上盖，煮沸后用小火煮约40分钟至食材熟透，揭盖，加入盐、鸡粉，转中火拌煮片刻至汤汁入味，关火后盛出煮好的糯米鸡汤，装入碗中即可。

葛根

生津止渴

每日用量： 常用量10~15克。

有效成分： 异黄酮类化合物、大豆苷元、大豆苷、葛根素、葡萄糖苷、金雀异黄素、拟雌内脂、异甘草素、木糖苷等。

性味归经： 性凉，味甘、辛。归脾、肺、胃经。

食养功效：

葛根可解肌退热、生津止渴、透疹、升阳止泻、通经活络、解酒毒，常用于治疗外感发热头痛、项背强痛、口渴、消渴、麻疹不透、热痢、泄泻、眩晕头痛、中风偏瘫、胸痹心痛。

葛根中黄酮、大豆黄素及葛根素均能对抗垂体后叶素引起的心肌缺血，有明显的抗缺氧作用。

葛根苷元可降低心肌耗氧量，提高心肌工作效率，同时又使冠脉血管扩张，冠脉血流量增加，阻力降低而增加氧的供给，氧的供求平衡得以改善。

推荐食疗方：葛根白扁豆瘦肉汤

材料：

白扁豆100克，葛根50克，瘦肉块200克，姜片少许，盐少许

做法：

1.葛根去皮，切成小块；锅中注水烧开，倒入备好的瘦肉块，搅匀余去血水，捞出，沥水待用。

2.砂锅中注水烧热，倒入备好的白扁豆、葛根、瘦肉，放入姜片，盖上锅盖，烧开后转小火煮1小时至熟透，掀开锅盖，放入少许盐搅拌片刻，使食材更入味。

3.关火，将煮好的汤盛出装入碗中即可。

白果

敛肺止咳

每日用量： 3~10克。

有效成分： 黄酮苷、苦内脂、维生素C、维生素B_2、胡萝卜素、钙、磷、铁、钾等。

性味归经： 性平，味甘、苦、涩。归肺、肾经。

食养功效：

白果具有敛肺气、定喘嗽、止带浊、缩小便、消毒杀虫、解毒的功效，也可降低血清胆固醇，主要用于治疗哮喘、白带、白浊、小儿腹泻、虫积、肠风脏毒、淋病、小便频数、疥癣、漆疮、白癜风，以及男子遗精、梦遗，等病症。

白果含有粗蛋白、粗脂肪、还原糖、核蛋白、矿物质、粗纤维及多种维生素等成分。《本草纲目》记载："熟食温肺、益气、定喘嗽、缩小便、止白浊；生食降痰、消毒杀虫。"但白果有小毒，不可多吃。

推荐食疗方：白果莲子粥

材料：

白果30克，水发莲子30克，水发大米70克，鸡粉、盐各3克

做法：

1.在备好的沸水砂锅中，放入大米、白果、莲子，搅拌一会儿，盖上锅盖，用大火煮开后转小火煲30分钟。

2.放入盐、鸡粉搅拌均匀。

3.关火，将煮好的粥盛入备好的碗中即可。

百合

清心安神

每日用量： 10克。

有效成分： 淀粉、蛋白质、脂肪及钙、磷、铁、维生素B_1、维生素B_2、维生素C。

性味归经： 性平，味甘、微苦。归心、肺经。

食养功效：

百合具有养阴润肺、清心安神、止咳的功效，主治阴虚久咳、痰中带血、咽痛失音，以及热病后期余热未清，或情志不遂、虚烦惊悸、失眠多梦、精神恍惚、痈肿。鲜百合富含水分，可以解渴润燥，有助于气管、支气管疾病的改善。

常年吸烟或者工作生活中经常接触二手烟人群，以及慢性支气管炎、肺热咳嗽患者，应该经常吃一些百合。

推荐食疗方：芡实百合香芋煲

材料：

芡实50克，鲜百合30克，芋头100克，虾仁6个，牛奶250毫升，鸡粉、盐各3克

做法：

1.砂锅中注入适量清水，倒入泡好的芡实，加盖，用大火煮开后转小火续煮30分钟至熟软，揭盖，倒入切好的芋头拌匀，加盖，用大火煮开后转小火，煮约20分钟至熟软。

2.揭盖，加入百合、牛奶拌匀，用中火煮开后转小火，倒入洗净已去虾线的虾仁，稍煮至转色。

3.加入盐、鸡粉，搅拌均匀，用中火煮开，关火后盛出煮好的汤，装碗即可。

党参

补中益气

每日用量： 15～30克。

有效成分： 人参皂苷、柠檬酸、亚油酸、β-谷固醇、豆固醇、胡萝卜苷、β-淀粉酶、蔗糖转化酶、维生素、微量元素等。

性味归经： 性平，味甘。归脾、肺经。

食养功效：

党参具有补中益气、健脾益肺的功效，多用于脾肺虚弱、气短心悸、食少便溏、虚喘咳嗽、内热消渴等。《本草从新》中记载："补中益气、和脾胃、除烦渴。中气微弱，用以调补，甚为平妥。"此外，党参还可增强人体免疫力，调节造血功能，有强心、抗休克、增强心肌收缩力、促进血液循环、抗休克的作用。

教师适当食用党参可以增强身体的造血功能，使红细胞、血红蛋白、白细胞显著增加，还能提高中枢神经系统的兴奋性，从而缓解疲劳、增强抗病能力。对于新陈代谢慢、身体功能逐渐衰退者，和患有贫血、心肌缺血的中年人，是很好的补益药材。

推荐食疗方：党参黄芪蛋

材料：

党参、黄芪各15克，熟鸡蛋2个，红糖20克

做法：

1.砂锅中注入适量清水，倒入备好的党参、黄芪，盖上锅盖，用小火煮15分钟至药材析出有效成分。

2.揭开盖，放入熟鸡蛋，倒入红糖拌匀，盖上盖，续煮5分钟至红糖溶化，关火后把煮好的汤盛出，装入碗中即可。

芡实

补脾止泻

每日用量: 5~20克。

有效成分: 蛋白质、脂肪、粗纤维、维生素B$_1$、维生素B$_2$、烟酸、维生素C、钙、磷、铁等。

性味归经: 性平,味甘、涩。归脾、肾经。

食养功效:

芡实性平味甘,补中益气,具有收敛固精、补脾止泻的功效,主治风湿性关节炎、腰膝无力、小便频数、梦遗滑精、妇女带多腰酸,止烦渴、除虚热。芡实为滋养强壮性食物,和莲子有些相似,但芡实的收敛镇静作用比莲子强。常吃芡实可补中益气,提神强志,使人耳目聪明,久服使人轻身不饥,还能开胃助气及补肾。

很多教师脾胃功能逐渐衰退,加上生活、饮食习惯不良,导致脾虚湿盛、肾虚,出现慢性腹泻、小便频数、滑精早泄、白带频多、腰膝酸痛等症状,可常吃芡实来补脾止泻,固肾涩精。芡实虽好,但固涩力较强,多吃会导致消化不良,一次不应吃太多。

推荐食疗方:芡实炖老鸭

材料:

鸭肉500克,芡实50克,陈皮、姜片各少许,盐2克,鸡粉2克,料酒10毫升

做法:

1.锅中注水,用大火烧开,倒入切好的鸭肉,淋入料酒,余去血水,捞出沥水待用。

2.砂锅中注水,用大火烧热,倒入备好的芡实、陈皮、鸭肉,再加入料酒、姜片,盖上锅盖,烧开后转小火煮1小时至食材熟透,揭开锅盖,加入盐、鸡粉,搅拌片刻至食材入味。

3.关火后将炖煮好的鸭肉盛出,装入碗中即可。

灵芝

养心益智

每日用量： 5~15克。

有效成分： 氨基酸、多肽、蛋白质、真菌溶菌酶，以及糖类（还原糖和多糖）、麦角固醇、三萜类、香豆精苷、挥发油、硬脂酸、苯甲酸、生物碱、维生素B_2及维生素C等；孢子还含甘露醇、海藻糖。

性味归经： 性温，味淡、苦。归心、肺、肝、脾经。

食养功效：

灵芝具有补气安神、止咳平喘的功效，主治虚劳短气、肺虚咳喘、手足逆冷、烦躁口干、失眠心悸、消化不良、不思饮食、心神不宁等病症。在增强人体免疫力、调节血糖、控制血压、辅助肿瘤放化疗、保肝护肝、促进睡眠等方面均具有显著疗效。

推荐食疗方：灵芝鸡爪汤

材料：

鸡爪200克，红枣、灵芝各20克，姜片15克，枸杞5克，盐3克，鸡粉2克，料酒5毫升

做法：

1.锅中注入适量清水烧开，倒入洗净的鸡爪，淋入料酒，余去血渍，捞出待用。

2.砂锅中注入适量清水，用大火烧开，放入备好的姜片，加入红枣、灵芝、枸杞、鸡爪，搅拌匀，使材料散开，盖上盖，煮沸后用小火煮约40分钟至食材熟透。

3.揭盖，加入盐、鸡粉，转中火拌煮片刻至汤汁入味，关火后盛出，装入碗中即可。

阿胶

滋阴润燥

每日用量： 5~10克。

有效成分： 胶原蛋白（明胶原、骨胶原）、糖胺多糖（氨基多糖）、多肽、生物酸、蛋白质水解物，以及透明质酸、硫酸皮肤素、纤维黏蛋白、皂苷、大分子环酮、胆固醇、胆固醇脂和少量蜡双脂、微量元素。

性味归经： 性平，味甘。归肺、肝、肾经。

食养功效：

阿胶是常用的补血良药，具有滋阴润燥、补血、止血、安胎的功效，用于治疗眩晕、心悸失眠、血虚、虚劳咳嗽、吐血、衄血、便血、月经不调、崩漏等病症。阿胶适合贫血、面色萎黄、心悸眩晕、身体虚弱、免疫力低下的中年人群，尤其是女性。长期适量食用阿胶可补血而滋润皮肤，使脸色红润，肌肤细嫩有光泽，从而延缓衰老，是女性滋养皮肤、美容养颜的佳品。

另外，食用阿胶可增强身体造血功能，增加对钙的吸收和利用。常吃阿胶的人，可明显感觉精力旺盛，更耐寒冷，记忆力提高。

推荐食疗方：阿胶花生奶

材料：

阿胶20克，牛奶250毫升，花生30克，白糖15克

做法：

1.取榨汁机，倒入牛奶，加入花生，榨成花生奶备用。

2.砂锅中注入水烧开，放入阿胶，盖上盖，用大火煮开后转小火熬煮40分钟。

3.倒入花生奶煮开，加白糖拌匀至溶化，稍煮片刻至入味。

4.关火后盛出煮好的甜汤，装碗即可。

红枣

养血安神

每日用量： 5~10颗。

有效成分： 蛋白质、脂肪、糖类、胡萝卜素、B族维生素、维生素C、维生素P以及钙、磷、铁和环磷酸腺苷等。

性味归经： 性温，味甘。归脾、胃经。

食养功效：

红枣含有多种氨基酸、糖类、有机酸、黏液质、维生素A、维生素C、维生素B_2及钙、磷、铁等矿物质，能提高人体免疫力，并可抑制癌细胞，降低血清胆固醇，提高人血白蛋白，保护肝脏，预防结石。红枣还能防治骨质疏松、产后贫血、高血压病，可消除疲劳、扩张血管、增加心肌收缩力、改善心肌营养。老年体弱者食用红枣，能增强体质，延缓衰老。

推荐食疗方：红枣蒸百合

材料：

鲜百合50克，红枣80克，冰糖20克

做法：

1.蒸锅注水烧开上汽，放入洗净的红枣蒸20分钟，取出。

2.将备好的百合、冰糖摆放到红枣上，再次放入烧开的蒸锅蒸5分钟。

3.掀开锅盖，取出即可。

麦冬

滋阴生津

每日用量： 煎汤，10～20克，或6～12克入丸、散。

有效成分： 黄酮类、皂苷类、微量元素、有机酸等

性味归经： 性微寒，味甘、微苦。归心、肺、胃经。

食养功效：

麦冬能滋阴生津、润肺止咳、清心除烦，用于治疗阴虚内热或热病伤津、心烦口渴、燥热伤肺所致的咳嗽、痰稠、气逆，如肺燥干咳、阴虚痨嗽、喉痹咽痛、津伤口渴、内热消渴、心烦失眠、肠燥便秘。清养肺胃之阴多去心用，滋阴清心多连心用。凡脾胃虚寒泄泻、胃有痰饮湿浊及暴感风寒咳嗽者均忌服麦冬。

推荐食疗方：麦冬雪梨汤

材料：

雪梨200克，麦冬15克，水发银耳150克，白糖35克，食粉少许

做法：

1.洗净的银耳切成小朵，去皮洗净的雪梨切成小块，麦冬洗净。

2.锅中倒入适量清水，撒上少许食粉，再放入银耳煮沸，捞出。

3.另起锅注入适量清水烧热，倒入雪梨、麦冬，再放入煮过的银耳，加入白糖搅拌至白糖溶化，用小火煮约15分钟至食材熟透，出锅盛入碗中即可。

PART

8

教师常见病防治保健，无病一身轻

颈椎病

颈椎病是指因为颈椎退行性变引起颈椎管或椎间孔变形、狭窄，刺激、压迫颈部脊髓、神经根，并引起相应的临床症状的疾病。多发于中老年人群，男性发病率高于女性。

外伤是导致颈椎病的直接原因。其次，不良的姿势，如长时间伏案工作、躺在床上看电视看书、长时间用电脑、枕头过高、剧烈旋转颈部或头部等，也是引起颈椎病的主要原因。

临床症状

1. 肩颈症状： 颈肩酸痛，疼痛可放射至头枕部和上肢，常伴有头颈、肩背、手臂酸痛，脖子僵硬，活动受限。患侧肩背部有沉重感，上肢无力，手指发麻，肢体皮肤感觉减退，手握物无力，有时不自觉握物落地。

2. 全身症状： 下肢麻木无力，步态不稳，如踩踏棉花的感觉，严重者出现大小便失控，性功能障碍，甚至四肢瘫痪。有的伴有头晕、房屋旋转，重者伴有恶心呕吐、卧床不起，少数可有眩晕、猝倒。

饮食注意

√治疗颈椎病可从疏通颈椎部的经络、促进血液运行着手，防治疼痛、麻木、颈部结节等症状，常用桂枝、桑寄生、川芎、延胡索、钩藤、骨碎补、三七、红花等。

√风寒湿邪的侵袭也会加重颈椎病，常用来除湿止痛的中药材和食材：羌活、白芷、细辛、藁本、川芎、桂枝、荆芥、蛇肉、地龙、鳝鱼等。

√在饮食中应注意补充钙，可多食豆类、奶类、板栗、排骨、鸡爪、菠菜等。

√应该多吃新鲜蔬菜和水果，如豆芽、菠菜、海带、木耳、大蒜、芹菜、红薯、绿豆等。

生活保健

√患者在平常的生活中要注意防寒保暖，避免颈肩部受到寒冷和潮湿的侵袭。

√避免参加重体力劳动、提取重物等，以免加重颈椎病症状。

√避免长时间持续低头工作，最好定时改变头颈部体位，并且要注意休息，保证充足的睡眠，选用中间低、略内凹的蝶形保健枕，有助于强力保持颈椎正常的生理曲度。

民间秘方

1. 取红花、地鳖各10克与白酒200毫升一起以文火煎煮30分钟，滤去药渣，取药酒适量饮用，有活血祛瘀、通络止痛的功效，适用于颈椎病患者。

2. 取川芎、当归各15克，桃仁、白芷、丹皮、红花、乳香、没药各9克，苏木、泽泻各12克一起捣碎，放入装有2000毫升白酒的容器内，密封浸泡7天，滤去药渣后适量饮用，有祛瘀消肿、活血止痛的作用，适用于颈椎病患者。

穴位按摩

选用穴位：肩井、大椎、陶道、阿是穴。

肩井穴： 位于肩上，前直乳中，当大椎穴与肩峰端连线的中点上。

大椎穴： 位于人体的颈部下端，第七颈椎棘突下凹陷处。

陶道穴： 位于背部，当后正中线上，第一胸椎棘突下凹陷中。

阿是穴： 无固定位置，病痛局部或与病痛有关的压痛点。

操作方法：

①患者取坐位，医者将双手拇指、食指、中指指腹放于肩井穴上，捏揉3分钟。

②患者取俯卧位，医者将中指指腹放于大椎穴上，用力按揉3～5分钟。

③患者取俯卧位，医者将中指指腹放于陶道穴上，用力按揉3～5分钟。

④医者揉按患者阿是穴病痛局部或压痛点3分钟。

肩周炎

　　肩关节周围炎又称漏肩风、冻结肩，简称肩周炎，多由软组织的退行性病变，长期 过度活动、持续不正确的姿势、外伤因素或者其他引起肩部肌肉的痉挛、缺血、萎缩的疾病等因素引起的。本病多发于 40 岁以上人群，且女性发病率略高于男性。

临床症状

　　1. 肩部疼痛：呈钝痛、刀割样痛或撕裂样剧痛，阵发性发作，昼轻夜重，多因气候变化或劳累后加重，疼痛可向颈项及上肢（特别是肘部）扩散。

　　2. 肩关节活动受限：肩关节向各方向活动均受限，以外展、上举、内外旋更为明显，梳头、穿衣、洗脸、叉腰等动作均难以完成，严重时肘关节功能也可受影响。

　　3. 怕冷：患肩怕冷，不少患者终年用棉垫包肩，夏天也不敢吹风。

　　4. 肌肉痉挛与萎缩：肩周围肌肉早期可出现痉挛，晚期可发生肌肉萎缩。

饮食注意

　　√发病期间应选择具有温通经脉、祛风散寒、除湿镇痛作用的中药材和食物，如附子、丹参、鸡血藤、川芎、羌活、枳壳、蚕沙、川乌、肉桂、桂枝、黄檗、青风藤、薏米、细辛、木瓜、葱、花椒、樱桃、胡椒、羊肉、狗肉、生姜等。

　　√静养期间则应以补气养血或滋养肝肾等扶正法为主，宜吃当归、桑葚、葡萄、板栗、黄鳝、鲤鱼、牛肝、红枣、阿胶等。

　　√平时饮食以清淡易消化为宜，少食寒凉生冷食物，肩部怕冷者可在菜肴中放入少许生姜、花椒、茴香等调味料，这些都有散寒祛湿的作用。

√要加强营养，补充足够的钙质，因为营养不良可导致体质虚弱。

生活保健

√受凉是肩周炎的常见诱发因素，因此要注意防寒保暖，尤其是肩部。

√要加强功能锻炼，特别是肩关节肌肉的锻炼。

√经常伏案、双肩经常处于外展工作的人，要注意纠正不良姿势。

√除积极治疗患侧肩周外，还应对健侧进行预防。

√若患者能坚持功能锻炼，预后相当不错。

× 忌长时间操作电脑，每小时休息 5 ~ 10 分钟，活动一下颈肩部和手腕。

× 不要让手臂悬空，有条件的话，使用手臂支撑架，可以放松肩膀的肌肉。

民间秘方

1. 取煅龙骨、煅牡蛎、锁阳各等份研为细末，每次取 6 克，以黄酒送服，有强筋益髓、软坚散结的作用，适用于肩周炎患者。

2. 取丹参 30 克、延胡索 15 克、白芷 9 克一起加水共煎，取汁加酒内服，每日 1 剂，连服 3 天，有活血通经的功效，适用于肩周炎患者。

穴位按摩

选用穴位：缺盆、云门、肩井、天宗、肩髃、手五里。

缺盆穴：位于人体的锁骨上窝中央，距前正中线 4 寸。

云门穴：位于胸前壁外上方，锁骨下窝凹陷处，距前正中线 6 寸。

肩井穴：位于肩上，前直乳中，当大椎穴与肩峰端连线的中点上。

天宗穴：位于肩胛部，当冈下窝中央凹陷处，与第四胸椎相平。

肩髃穴：位于臂外侧，向前平伸时，当肩峰前下方凹陷处。

手五里穴：位于臂外侧，当曲池与肩髃连线上，曲池上 3 寸处。

操作方法：

①患者取坐位，医者分别揉按缺盆穴、肩井穴、肩髃穴、手五里穴，各 3 分钟。

②患者取仰卧位，医者揉按云门穴，以局部酸胀为宜。

③患者取俯卧位，医者用力揉按天宗穴 3 分钟。

腰椎间盘突出

腰椎间盘突出俗称"腰突症"，是引起腰腿痛的主要原因，主要是由于腰椎间盘变性、纤维环破裂、髓核突出刺激或压迫神经根、马尾神经所表现出来的一系列临床症状和体征。多发生于青壮年人，尤以体力劳动者或长时间坐立工作者为甚。

临床症状

1. 疼痛：腰背痛。腰痛是本病最常见也是最早出现的症状之一，大多数患者还会出现下肢疼痛。但有少数患者无下肢疼痛症状，仅出现下肢有麻木感。

2. 腰部活动受限：腰椎的前屈后伸活动受限，患者不能弯腰、后倾。

3. 脊柱侧凸：这是患者为减轻疼痛所采取的姿势性代偿畸形，表现是腰椎向左或右侧弯曲。

饮食注意

√常食具有增强脊椎功能的中药材和食材，如板栗、猪骨、骨碎补、补骨脂、锁阳、续断、党参、杜仲、何首乌、熟地黄、鳝鱼、猪腰、羊腰等。

√可选用具有抗骨骼老化功能的中药材，如黑豆、黑芝麻、莲子、核桃、党参、冬虫夏草、桂枝等。

√可选用具有活血功能的中药材，如牛膝、丹参、红花、延胡索、川芎等。

√常吃含钙丰富的食物，如牛奶、羊奶、黄鱼、青鱼、带鱼、排骨、豆类等。

√常吃含维生素丰富的蔬菜、水果，如胡萝卜、莴笋、苋菜、青菜、苹果、橙子、香蕉、芒果、阳桃、樱桃等。

生活保健

√宜多睡硬板床，可以减少腰椎间盘承受的压力。

√患者还要加强腰背肌肉的锻炼，对防治本病有一定的作用。

× 患者不宜穿任何带跟的鞋，因为中跟鞋、坡跟鞋和高跟鞋都会让重心前移，容易使脊柱的弯曲加大，有条件的可以选择负跟鞋。

民间秘方

1.取煅龙骨、煅牡蛎、锁阳各等份研为细末，每次取 6 克，以黄酒送服，有强筋益髓、软坚散结的作用，适用于腰椎间盘突出患者。

2.取丹参 30 克、延胡索 15 克、白芷 9 克加水共煎，取汁加酒内服，每日 1 剂，连服 3 天，有活血通经的功效，适用于腰椎间盘突出患者。

穴位按摩

选用穴位：腰阳关、命门、肾俞、环跳、委中、阳陵泉、昆仑、涌泉。

腰阳关穴： 位于脊柱区，第四腰椎棘突下凹陷中，后正中线上，约以髂脊相平。

命门穴： 位于腰部，当后正中线上，第二腰椎棘突下凹陷中。

肾俞穴： 位于腰部，第二腰椎棘突旁开 1.5 寸。

环跳穴： 侧卧屈股，股骨大转子最凸点与骶管裂孔连线的外 1/3 与中 1/3 交点处。

委中穴： 位于人体的腘横纹中点，当股二头肌肌腱与半腱肌肌腱的中间。

阳陵泉穴： 位于小腿外侧，当腓骨小头前下方凹陷处。

昆仑穴： 位于足部外踝后方，当外踝尖与跟腱之间的凹陷处。

涌泉穴： 位于人体的足底部，卷足时足前部凹陷处。

操作方法：

①患者取俯卧位，医者分别按揉腰阳关、命门、肾俞、环跳、委中、阳陵泉、昆仑，各按 2 ～ 3 分钟，以局部有酸胀感为宜。

②患者取仰卧位，医者用右手手掌搓擦涌泉穴 50 次，再屈伸双脚趾数次，然后静坐 10 ～ 15 分钟。每日 1 次。

脱发

病理性脱发是指头发异常或过度脱落。病毒、细菌、高热使毛母细胞受到损伤，空气污染物堵塞毛囊，有害化学物质对头皮组织毛囊细胞的损害以及营养不良等均可引起脱发。

临床症状

1. 脂溢性脱发： 患者头发油腻，如同擦油一样，亦有焦枯发蓬，缺乏光泽，有淡黄色鳞屑固着难脱，或灰白色鳞屑飞扬，自觉瘙痒。主要是前头与头顶部，前额的发际与鬓角往上移，前头与顶部的头发稀疏、变黄、变软，终使额顶部一片光秃或有些茸毛。

2. 斑秃： 常骤然发生，脱发呈局限性斑片状，其病变处头皮正常，无炎症及自觉症状。严重者可在几天或几个月内头发全部脱落而成全秃，可累及眉毛、胡须、腋毛、阴毛等，极少数严重者全身毳毛亦可脱光。

饮食注意

√治疗脱发要抵抗毛发衰老，常用的中药材和食材：何首乌、阿胶、黑芝麻、黑豆、核桃、葵花子、黑米、莴笋等。

√多食具有补充肾气、调节内分泌功能的中药材和食材，如菟丝子、肉苁蓉、枸杞、杜仲、女贞子、猪腰、羊腰、板栗、乌鸡等。

√多食含有丰富铁质的食品，如瘦肉、菠菜、紫菜、动物肝脏、动物血等。

√常食含碱性物质的新鲜蔬菜和水果，如海带、葡萄、柿子、无花果等。

√常食富含锌的食物，如牡蛎、葵花子、核桃、花生、豆浆等。

生活保健

√正确洗发。一般来说，油性发皮脂分泌较多，可1～2天洗一次；干性发皮脂分泌量少，可3～4天洗一次；对于中性发，一般2～3天洗一次即可。

√保证充足睡眠，不熬夜。

√不使用刺激性强的染发剂、烫发剂及劣质洗发用品。

√不使用易产生静电的尼龙梳子和尼龙头刷。

民间秘方

1.取何首乌、女贞子、旱莲草、生地、泽泻、粉丹、桑葚、山药各20克，菟丝子、党参、枣皮、茯苓各15克，骨碎补、当归各10克，甘草5克，分别洗净加水煎汤，加适量白糖搅匀饮用，每次取200毫升，每日2次，可补肝生发，适合脱发患者。

2.取何首乌、当归、柏子仁各等份研成细粉，加适量炼蜜制成约9克重的药丸，每次取1粒服用，每日3次，对于脱发症有较好的辅助疗效。

穴位按摩

选用穴位：肝俞、肾俞、血海、三阴交、百会、风池。

肝俞穴：背部，当第九胸椎棘突下，旁开1.5寸。

肾俞穴：第二腰椎棘突旁开1.5寸处。

血海穴：髌骨内缘上2寸，当股四头肌内侧头的隆起处。

三阴交穴：小腿内侧，当足内踝尖上3寸，胫骨内侧缘后方。

百会穴：头部正中线与两侧耳郭尖连线交叉点，当后发际上7寸处。

风池穴：项部，当枕骨之下，胸锁乳突肌与斜方肌上端之间的凹陷处。

操作方法：

①用拇指指腹按压患者脊柱两侧的肝俞穴、肾俞穴，让患者感到该穴位有些酸胀，然后医者用前臂做主动摆动，带动腕部和掌指做顺时针揉动100次。

②用拇指指腹按压两侧血海穴、三阴交穴，感到酸胀时做顺时针揉动20次。

③按揉百会穴、风池穴，感到酸胀时做顺时针揉动20次，由轻到重再至轻。

感冒

感冒，中医通常称"伤风"，是一种由多种病毒引起的呼吸道常见病。感冒主要的致病病毒为冠状病毒和鼻病毒，当人们有受凉、过度疲劳、烟酒过度或者其他全身性疾病等，引起机体抵抗力下降时，就容易诱发冠状病毒和鼻病毒的感染。

临床症状

1. **风寒感冒：**患者有畏寒发热、鼻塞、流清涕、咳嗽、头痛、无汗、肌肉酸痛、吐稀薄白色痰、口不渴或渴喜热饮、小便清长、舌苔薄白等症状。

2. **风热感冒：**患者发热较轻、不恶寒、头痛较轻、有汗、鼻塞流涕、咳嗽、痰液黏稠呈黄色、咽喉痛、口干喜冷饮、小便黄、大便秘结、舌质红、舌苔薄黄。

3. **暑湿感冒：**此类型感冒多发生在夏季，病人表现为畏寒、发热、口淡无味、头痛、头胀、腹痛、腹泻、呕吐等症状。

4. **流感：**流感与风热感冒的症状相似，但流感的症状较重。病人突然畏寒高热、寒战、头痛剧烈、全身酸痛、疲乏无力、鼻塞流涕、干咳、胸痛、恶心、食欲不振等。

饮食注意

√风寒型感冒患者应选择具有发散风寒、辛温解表作用的药材和食物，如白芷、桑叶、砂仁、紫苏、葱白、姜、蒜、辣椒、花椒等。

√风热型感冒患者应选择具有清热利咽、辛凉解表作用的药材和食物，如菊花、金银花、枇杷、豆腐等。

√暑湿型感冒患者应选择具有清暑祛湿、解表作用的药材和食物，如藿香、茯苓、白扁豆、莲叶、绿豆、苦瓜等。

√流行性感冒患者宜食具有抗炎、抗病毒为主，辅以清热、生津作用的食物，如野菊花、金银花、板蓝根、花菜、香菇、柚子、草莓、苹果、胡萝卜、苦瓜等。

生活保健

√患感冒后要适当休息，减少户外活动。

√保持双手干净，双手被呼吸系统分泌物弄污后应立即洗手。

√室内要保持清洁，多通风，使空气新鲜。

民间秘方

1. 取生姜 25 克洗净切片，葱白 3 根，切段，放入锅内加入适量清水，烧沸，加入适量红糖搅拌即可，有发汗解表、疏风散寒的功效，适合风寒感冒患者饮用。

2. 取金银花、连翘各 15 克，薄荷、枇杷叶各 8 克，放入锅中，加水煮沸即可。有疏散风热、利咽止咳的功效，适合风热感冒的患者食用。

穴位按摩

选用穴位：风池、攒竹、迎香、合谷。

风池穴：颈部，当枕骨之下，胸锁乳突肌与斜方肌上端之间的凹陷处。

攒竹穴：眉毛内侧端，当眶上切迹处。

迎香穴：鼻翼外缘中点旁开 0.5 寸，当鼻唇沟中。

合谷穴：第一、二掌骨之间，约当第二掌骨之中点。

操作方法：

①先以右手拇指和食指如钳形相对拿捏风池穴 30 次，再以拇指和食指按揉风池穴 30 次；用右手拇指和食指紧捏颈筋两旁，拿法迅速向上牵动 5～7 次；然后再以拇指、食指自风池穴开始，沿着两颈筋向下往返推 10～15 次。

②右手食指紧并于中指，拇指指腹紧抵在中指近端指关节处，点按攒竹、迎香各 30 次，以重刺激手法操作。

③拇指和食指两指相对置于合谷穴处，用扣掐法分别扣掐左右合谷穴 5～7 次。以上点穴法根据病情轻重每日 2～3 次。

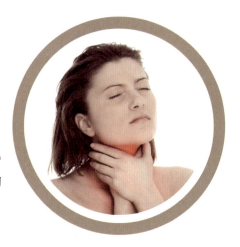

慢性咽炎

慢性咽炎为咽部黏膜、黏膜下及淋巴组织的弥漫性炎症，常为上呼吸道炎症的一部分。

临床症状

1. 咽部不适：咽部有各种不适感，如灼热、干燥、微痛、发痒、异物感、痰黏感，迫使以咳嗽清除分泌物，常在晨起用力咳嗽清除分泌物时，引起作呕不适。咳嗽清除分泌物后，症状缓解。尤其是在说话稍多、食用刺激性食物后、疲劳或天气变化时症状会加重。

2. 其他：若是干燥或萎缩性咽炎，则咽干明显，讲话和咽唾液也感费劲，需频频饮水湿润，甚至夜间也需要起床喝几次水。

上述症状因人而异，轻重不一，一般全身症状多不明显。

饮食注意

√慢性咽炎与患者自身免疫功能低下有直接关系，因此，应多食具有增强抗病能力的药材和食材，如银耳、百合、人参、灵芝、香菇、猴头菇、黑木耳等。

√宜常食具有清热去火、养阴润肺作用的食物，如冬苋菜、蜂蜜、番茄、阳桃、柠檬、青果、海带、白萝卜、芝麻、梨、荸荠、白茅根、甘蔗等食品。

√宜饮食清淡，多吃具有酸甘滋阴作用的食物及新鲜蔬菜、水果。

√宜多饮水，多饮果汁、豆浆，多喝汤等。

× 忌葱、蒜、姜、花椒、辣椒、桂皮等辛辣刺激性食物。

× 忌烟酒，忌过烫的食物，少食火锅。

生活保健

√适当进行体育锻炼，保持正常作息，保持良好的心理状态，通过增强自身整体免疫功能状态来提高咽部黏膜局部功能状态。

√积极治疗可能引发慢性咽炎的局部相关疾病，如鼻腔、鼻窦、鼻咽部的慢性炎症，以及慢性扁桃体炎、口腔炎症、胃—食管反流等。

× 避免接触粉尘、有害气体、刺激性食物、空气质量差的环境等对咽黏膜不利的刺激因素。

民间秘方

1. 将 15 克麦冬、10 克玄参、10 克桔梗、6 克甘草用水煎服，每日 1 剂，频频饮用，可滋阴润燥、清热利咽、化痰止咳，对慢性咽炎有较好疗效。

2. 取马鞭草（叶子）10 克，洗净捣成汁，加入人乳调和，分 2 或 3 次含服，每日 1 次，可清热、消炎、止痛，治疗咽喉疼痛。

穴位按摩

选用穴位：定喘、大椎、膻中、肺俞、太阳。

定喘穴： 位于背部，第七颈椎棘突下，旁开 0.5 寸。

大椎穴： 位于后颈部下端，第七颈椎棘突下凹陷处。

膻中穴： 位于体前正中线，两乳头连线之中点。

肺俞穴： 位于第三胸椎棘突下，旁开 1.5 寸。

太阳穴： 在耳郭前面，前额两侧，外眼角延长线的上方。

操作方法：

①取俯卧位，医者将食指、中指并拢，指面附着在定喘穴上，按揉 3 ~ 5 分钟。

②医者将右手中指指腹置于大椎穴上，用力按揉 1 ~ 2 分钟。

③取仰卧位，医者将食指、中指、无名指三指指腹放于膻中穴上，按揉 1 分钟。

④取俯卧位，医者将食指紧并于中指，手指前端放于肺俞穴上，按揉 3 分钟。

⑤取坐位，医者将两手拇指指尖分别放于两侧太阳穴上，双手其余四指附于患者后脑处，顺时针或逆时针揉太阳穴 20 次。

慢性支气管炎

慢性支气管炎是由于感染或非感染因素引起气管、支气管黏膜及其周围组织的慢性非特异性炎症。临床出现有连续两年以上，每次持续三个月以上的咳嗽、咳痰或气喘等症状。吸烟为慢性支气管炎最主要的发病因素。呼吸道感染是慢性支气管炎发病和加剧的另一个重要因素。

临床症状

1. 咳嗽：初咳嗽有力，晨起咳多，白天少，睡前阵咳，合并肺气肿咳嗽多无力。

2. 咳痰：清晨、夜间较多痰，呈白色黏液或浆液泡沫性，偶有血丝，急性发作并细菌感染时痰量增多且呈黄稠脓性痰。

3. 气喘：慢性支气管炎反复发作后，可出现过敏现象而发生喘息，症状加剧或继发感染时，常像哮喘样发作，气急不能平卧。呼吸困难一般不明显，但并发肺气肿后，随着肺气肿程度增加，则呼吸困难逐渐加剧，以老年人多见。

饮食注意

√慢性支气管炎患者宜选择有抑制病菌感染作用的中药材和食材，如杏仁、百合、知母、枇杷叶、桔梗、丹参、川芎、黄芪、梨等。

√宜吃健脾养肺、补肾化痰的中药材和食物，如桑白皮、半夏、金橘、川贝、鱼腥草、百部、柚子、猪肺、人参、花生、白果、山药、杏仁、无花果、银耳等。

√长期大量咳痰者蛋白质消耗较多，宜给予高蛋白、易消化的饮食，如鸡蛋、鸡肉、瘦肉、牛奶、鲫鱼等。

√经常进食新鲜蔬菜瓜果，可增强机体的免疫力，适当进食含维生素 A 的食物，如鸡蛋、瘦肉、牛奶、鱼类、豆制品等，有保护呼吸道黏膜的作用。

生活保健

√慢性支气管炎伴有发热、气促、剧咳者，要适当卧床休息。

√应加强室内通风，避免有害粉尘、烟雾和有害气体吸入。

√冬天外出戴口罩和围巾，预防冷空气刺激气管及伤风感冒。

√适当参加体育锻炼，以增强机体免疫力和主动咳痰排出的能力。

民间秘方

1. 取干品百部 15 ～ 30 克放进锅里，加水煎汁，取汁服用，每日 1 剂，每日 3 次，有润肺止咳的功效，对于急性、慢性支气管炎均有很好的疗效。

2. 取川贝 100 克研为粉末，200 克核桃仁捣碎，200 克酥油炼化，加入 200 克蜂蜜，然后将川贝、核桃仁一起加入并搅拌，倒入瓷罐内保存，每次取 20 克服用，早晚各一次，可治疗老年性的慢性支气管炎。

穴位按摩

选用穴位：中府、肺俞、膻中、列缺、脾俞、胃俞、肾俞、丰隆、涌泉。

中府穴：轻压左右两锁骨下方 1.5 寸处，如果微感酸痛，那就是中府穴。

肺俞穴：背部，在第三胸椎棘突下，左右旁开 1.5 寸处。

膻中穴：胸部，两乳头之间连线的中点。

列缺穴：手腕外侧（拇指侧），左右手在虎口处交叉，食指指端处的骨陷中。

脾俞穴：背部，在第十一胸椎棘突下，左右旁开 1.5 寸处。

胃俞穴：背部，当第十二胸椎棘突下，左右旁开 1.5 寸处。

肾俞穴：腰部，当第二腰椎棘突下，左右旁开 1.5 寸处。

丰隆穴：腿部外踝上 8 寸。

涌泉穴：足底部，卷足时足前部凹陷处，第二、三趾趾缝纹头端与足跟连线的前 1/3 与后 2/3 交点上。

操作方法：

分别按揉以上穴位 1 分钟左右，每天早晚各做 1 次。

神经衰弱

神经衰弱属于心理疾病，是精神容易兴奋和脑力容易疲乏，常有情绪烦恼和心理、生理症状的神经症性障碍。此病多发于青壮年，16 ~ 40 岁之间多发，以脑力劳动者、学生多见。

临床症状

1. 衰弱症状： 神疲乏力、困倦嗜睡，不能用脑或反应迟钝，注意力不能集中，思考困难，工作效率下降。

2. 兴奋症状： 在看书报或电视时容易兴奋，会不由自主地回忆和联想增多。

3. 情绪症状： 容易烦恼和激惹，部分患者还有焦虑、紧张情绪。

4. 紧张性疼痛： 常由情绪紧张引起，以紧张性头痛最常见，患者有头重、头胀、头部紧压感，或颈项僵硬，部分患者会出现全身肌肉僵硬酸痛。

5. 睡眠障碍： 入睡困难、辗转难眠或睡眠很浅、多梦、易惊醒等。

饮食注意

√适当地为大脑补充营养，使大脑功能完全恢复正常，可选择具有养血益精、补脑健脑功效的药材及食材，如核桃仁、枸杞、桂圆、何首乌、猪脑、鱼头等。

√促进睡眠、提高睡眠质量，可选择酸枣仁、柏子仁、桂圆肉、葵花子、牛奶等。

√饮食宜清淡，并做到营养均衡，多食富含维生素 C 的食物。

√营养障碍时也会出现神经衰弱的一些症状，因此要多食对大脑有益的食物，如坚果类、豆类、贝类、鱼类、虾、奶类、蛋类、动物脑等。

× 应减少茶和咖啡的摄入，尤其在睡前要绝对禁止，这些食物会影响睡眠。

生活保健

√学会自我调节，加强自身修养，以适当方式宣泄自己内心的不快和抑郁，以解除心理压抑和精神紧张。

√患者要改善生活和工作环境，避免长期紧张而繁重的工作，减少紧张刺激，对自己要求不要太高，要学会放松自己，放松身心。

× 忌熬夜，睡前避免过度兴奋或其他刺激，少喝酒，少抽烟，下午或晚上尤其要少食巧克力、咖啡、茶以及其他含咖啡的饮料。

民间秘方

1.将核桃仁、黑芝麻、桑叶各 30 克捣如泥状，做成丸子，每丸约 3 克重。每服 9 克，每日 2 次，可治神经衰弱、健忘、失眠、多梦、食欲不振。

2.将阿胶 10 克、钩藤 30 克、酸枣仁 25 克水煎内服，每日 1 剂，日服 3 次，兑酒饮，具有养肝、宁心、安神等作用，患者服药 15 ~ 20 天后，头昏眼花、虚烦失眠、健忘多梦症状渐渐缓解。

穴位按摩

选用穴位：迎香、睛明、攒竹、神阙、肩井、肺俞、白环俞、足三里、涌泉。

迎香穴： 位于鼻翼外缘中点旁，当鼻唇沟中。

睛明穴： 位于面部，目内眦角稍上方凹陷处。

攒竹穴： 位于面部，当眉头陷中，眶上切迹处。

神阙穴： 腹中部，脐中央。

肩井穴： 位于肩上，前直乳中，当大椎穴与肩峰端连线的中点上。

肺俞穴： 位于背部，当第三胸椎棘突下，旁开 1.5 寸。

白环俞穴： 位于骶部，当骶正中嵴旁 1.5 寸，平第四骶后孔。

足三里穴： 小腿前外侧，当犊鼻下 3 寸，距胫骨前缘一横指（中指）。

涌泉穴： 位于人体的足底部，卷足时足前部凹陷处。

操作方法：

每日按摩以上穴位各 30 次。

冠心病

　　冠状动脉粥样硬化性心脏病，简称冠心病，是由于冠状动脉粥样硬化病变致使心肌缺血、缺氧的心脏病。冠心病是多种疾病因素长期综合作用的结果，不良的生活方式在其中起了非常大的作用。当人精神紧张或激动发怒时容易导致冠心病，肥胖者容易患冠心病，吸烟是引发冠心病的重要因素。

临床症状

　　1. 胸痛：疼痛的部位主要在心前区，常放射至左肩、左臂内侧达无名指和小指，胸痛常为压迫、发闷或紧缩性，也可有烧灼感。

　　2. 诱发因素：发作常由体力劳动或情绪激动（如愤怒、焦急、过度兴奋等）所激发，饱食、寒冷、吸烟、心动过速等亦可诱发。

饮食注意

　　√冠心病患者宜选择具有扩张冠脉血管作用的中药材和食材，如玉竹、牛膝、天麻、香附、西洋参、红花、菊花、山楂、红枣、洋葱、猪心等。

　　√宜选择具有促进血液运行、预防血栓作用的中药材和食材，如丹参、红花、三七、当归、延胡索、益母草、香附、郁金、枸杞、海鱼、木耳、蒜等。

　　√多吃含有抗氧化物质的食物，如脱脂牛奶、豆制品、芝麻、山药等。

　　√多吃膳食纤维含量较高的食物，如杂粮、蔬菜、水果等。

　　√饮食宜清淡，易消化，多食蔬菜和水果，少食多餐，晚餐量宜少。

生活保健

　　√自发性心绞痛病人要注意多休息，不宜外出；劳累性心绞痛病人不宜做体力活动，急性发作期应绝对卧床，并应避免情绪激动。

　　√恢复期患者不宜长期卧床，应进行活动。

　　√日常做到劳逸结合，避免过重体力劳动或突然用力，饱餐后不宜立即运动。

　　√坚持体育锻炼，但要量力而行，适量运动使全身气血流通，减轻心脏负担。

　　× 忌暴怒、惊恐、过度思虑及过喜等情绪刺激。

民间秘方

　　取菊花6克、甘草3克分别洗净放入锅内，加入300毫升水，以中火烧沸后转小火继续煮15分钟，滤去药渣，取汁加入30克白糖拌匀饮，有滋阴、补心、理气的功效，适用于冠心病患者。

穴位按摩

　　选用穴位：大椎、心俞、神堂、巨阙、膻中、气海、关元、内关、足三里。

　　大椎穴： 位于后颈部下端，第七颈椎棘突下凹陷处。

　　心俞穴： 位于背部，当第五胸椎棘突下，旁开1.5寸。

　　神堂穴： 位于背部，当第五胸椎棘突下，旁开3寸。

　　膻中穴： 位于体前正中线，两乳头连线之中点。

　　巨阙穴： 位于上腹部，前正中线上，当脐中上6寸。

　　气海穴： 位于下腹部，正中线上，脐中下1.5寸。

　　关元穴： 位于下腹部，正中线上，脐中下3寸。

　　内关穴： 位于前臂正中，腕横纹上2寸，在桡侧腕屈肌肌腱同掌长肌肌腱之间。

　　足三里穴： 位于小腿外侧，当犊鼻下3寸，距胫骨前缘一横指（中指）。

　　操作方法：

　　①患者取俯卧位，医者分别按揉大椎穴、心俞穴、神堂穴1～2分钟。

　　②患者取仰卧位，医者分别按揉膻中穴、巨阙穴、气海穴、关元穴、内关穴、足三里穴1～2分钟。

糖尿病

糖尿病是由各种致病因子作用于机体导致胰岛功能减退、胰岛素抵抗等而引发的糖、蛋白质、脂肪、水和电解质等一系列代谢紊乱综合征，临床上以高血糖为主要特点。导致糖尿病的原因有很多种，除了遗传因素以外，大多数都是由不良的生活和饮食习惯造成的，如饮食习惯的变化、肥胖、体力活动过少以及紧张焦虑都是糖尿病的致病原因，部分患者是因长期使用糖皮质激素药物引起。

临床症状

1. "三多一少"： 多食、多尿、多饮、身体消瘦。

2. 血糖高： 空腹血糖 ≥ 7.0毫摩尔 / 升；餐后两小时血糖 ≥ 11.1毫摩尔 / 升。

3. 其他症状： 眼睛疲劳、视力下降，手脚麻痹、发抖，夜间小腿抽筋，神疲乏力、腰酸等。

饮食注意

√糖尿病患者宜选用具有降低血糖浓度作用的中药材和食材，如黄精、葛根、玉竹、枸杞、白术、何首乌、苦瓜、黄瓜、洋葱、南瓜、荔枝、番石榴、银耳、木耳、玉米、麦麸、牡蛎、菜心、花生米、鸭肉、大蒜、柚子等。

√宜选用具有对抗肾上腺素、促进胰岛素分泌功能的中药材和食材，如女贞子、桑叶、柚子、番石榴、芝麻、葡萄、梨、鱼、香菇、白菜、芹菜、花菜等。

√宜选用高蛋白、低脂、低热量、低糖食物，如乌鸡、兔肉、银鱼、鲫鱼、蛋清、菌菇类食物等。

√糖尿病患者的膳食要多样化，营养要均衡，多食粗粮、蔬菜。

√宜少食多餐，少细多粗，少荤多素，少肉多鱼、少油多清淡，少吃零食。

× 忌煎、炸等烹调方法，多用蒸、煮、拌、卤等方法来烹制菜肴，可减少油脂的摄入量。

生活保健

√保持良好的生活习惯，适量运动，保证充足的睡眠，不要熬夜。

√可进行适当运动，促进糖类的利用，减少胰岛素的需要量。

√注意个人卫生，预防感染。糖尿病患者常因脱水和抵抗力下降导致皮肤易干燥发痒，也易合并皮肤感染，应定时给予擦身或沐浴，以保持皮肤清洁。

× 糖尿病患者尽量不要在空腹时或餐前运动，一般在餐后 1 ~ 2 小时运动较佳。

× 应避免袜紧、鞋硬，以免血管闭塞而发生坏疽或皮肤破损导致感染。

民间秘方

取 50 克柚子肉切丁，与甘草 6 克、茯苓 9 克、白术 9 克一同放入锅内加水煎汁，滤去药渣，取汁即可饮用，每周 1 ~ 2 次，可促进胰岛素分泌，降低血糖。

穴位按摩

选用穴位：脾俞、胃俞、三焦俞、肾俞。

脾俞穴：位于背部，第十一胸椎棘突下，旁开 1.5 寸。

胃俞穴：位于背部，第十二胸椎棘突下，旁开 1.5 寸。

三焦俞穴：位于腰部，第一腰椎棘突下，旁开 1.5 寸。

肾俞穴：位于腰部，第二腰椎棘突旁开 1.5 寸。

操作方法：

①患者取俯卧位，医者双手食指、中指紧并，同时放于脾俞穴上，点揉 3 ~ 5 分钟。胃俞穴、肾俞穴用同样的手法操作。

②患者取俯卧位，医者将双手拇指同时放于三焦俞穴上，其余四指附于患者腰部，微微用力压揉，以局部有酸胀感为宜。

高血压

高血压是指在静息状态下动脉收缩压和（或）舒张压增高，常伴有心、脑、肾、视网膜等器官功能性或者器质性改变以及脂肪和糖代谢紊乱等现象。高血压的发生一方面与遗传因素（家族遗传）有关，另一方面也可由后天的环境（肥胖）、饮食（过分摄取盐分、过度饮酒、过度食用油腻食物）、药物等因素导致高级神经中枢调节血压功能紊乱所引起。

临床症状

1. 头晕： 有些患者的头晕是一过性的，常在突然下蹲或起立时出现，有些是持续性的。

2. 头痛： 多为持续性钝痛或搏动性胀痛，甚至有炸裂样剧痛。

3. 精神症状： 烦躁、心悸、失眠、注意力不集中、记忆力减退。

4. 神经症状： 肢体麻木，常见手指、足趾麻木或皮肤如蚁行感或项背肌肉紧张、酸痛。

饮食注意

✔宜选用具有降低胆固醇作用的中药材和食材，如黄精、决明子、山楂、灵芝、枸杞、杜仲、玉米须、大黄、何首乌、黑芝麻、黄豆、南瓜、大蒜、兔肉等。

✔宜选用具有清除氧自由基作用的中药材和食材，如苍耳子、女贞子、丹参、五加皮、芦笋、洋葱、芹菜、蘑菇、禽蛋、大蒜等。

✔宜选择高膳食纤维食物，可加速胆固醇排出，如糙米、玉米、小米、绿豆等。

√多食蔬菜、水果、鱼类等食物，少食肉类等高脂肪、高胆固醇食物。

√白天多喝水，晚餐少吃，且吃易消化食物，还应配些汤类。

√宜适量饮茶，可平衡血压、软化血管，降血脂，扩张冠状动脉。

生活保健

√合理安排作息时间，生活要有规律，避免过度劳累和精神刺激。养成睡午觉的好习惯，时间不宜过长，1～2小时即可。

√睡前用热水泡脚，可以促进血液循环，预防动脉硬化、脑缺血等并发症。

√宜逐渐降压，对无并发症的患者，要求使血压降至140/90毫米汞柱左右。过度降压可使脑、心、肾供血不足导致进一步缺血，轻者头晕，重者导致缺血性脑卒中和心肌梗死。

√适当进行体力活动和体育锻炼，有利于减肥，降低血脂，预防动脉硬化，使四肢肌肉放松，血管扩张，有利于降低血压。

√大便保持通畅，一日一次，排便时勿用力屏气，以免血压升高引发猝死。

×防止情绪激动，要保持心情舒畅。

民间秘方

取桑叶、黑芝麻各250克，丹皮、栀子各120克，一同研成粉末，加水制成梧桐子大小的药丸，早晚各用开水送服6～9克，主治高血压眩晕。

穴位按摩

选用穴位：涌泉、桥弓。

涌泉穴：位于人体的足底部，卷足时足前部凹陷处。

桥弓穴：位于人体脖子两侧的大筋上，左右移动头部的时候都能感觉到。

操作方法：

①患者取仰卧位，医者用右手手掌搓擦涌泉穴36次，再屈伸双脚趾数次，然后静坐10～15分钟。每日1次。

②患者取仰卧位头偏向一侧，医者右手食指、中指、无名指紧并，由上而下推按桥弓穴，先推按1分钟，然后揉、拿3分钟。对侧使用相同手法。

脂肪肝

脂肪肝是指由各种原因引起的肝细胞内脂肪堆积过多的病变。一般而言，脂肪肝属可逆性疾病，早期诊断并及时治疗常可恢复正常。

引起脂肪肝的因素、长期饮酒，致使肝内脂肪氧化减少；长期摄入高脂肪饮食或长期大量吃糖、淀粉等糖类，使肝脏脂肪合成过多；肥胖，缺乏运动，使肝内脂肪输入过多；糖尿病、肝炎，以及某些药物引起的急性或慢性肝损害。

临床症状

1. 轻度脂肪肝：病人多无明显症状，部分患者通常仅有疲乏感，而多数脂肪肝患者较胖，故更难发现轻微的自觉症状。

2. 中重度脂肪肝：有类似慢性肝炎的表现，可有食欲不振、疲倦乏力、恶心、呕吐、体重减轻、肝区或右上腹隐痛等。临床检查，75%的患者肝脏轻度肿大，少数病人可出现脾肿大、蜘蛛痣和肝掌。

饮食注意

√慢性病毒性肝炎患者在食疗时，宜食用具有改善血液循环、促进肝细胞修复、增强免疫功能作用的药材和食材，如虎杖、白芍、三七、丹参、红花、郁金、柴胡、黄芪、党参、山药、泽泻、生地、板蓝根、山楂、茵陈、甘草、芹菜、白菜、萝卜、冬虫夏草等。

√宜常食具有降低血清胆固醇作用的食品，如玉米、燕麦、海带、苹果、牛奶、红薯、黑芝麻、黑木耳等。

✓宜常食对肝脏没有毒性的药食兼用食品，如山楂、何首乌、无花果等。

× 忌食油厚肥腻、高脂肪的食物，如肥猪肉、鹅肉、牛髓、奶油等。

生活保健

✓脂肪肝患者应保持一颗"平常心"，保持情绪稳定，饮食宜清淡，限制饮酒。

✓可选择慢跑、乒乓球、羽毛球等运动项目，消耗体内的脂肪。

✓慎用对肝脏有损害的药物，要补充足够的维生素、矿物质和微量元素、膳食纤维等。

民间秘方

取泽泻15克，洗净放入砂锅内加水煎汁，取汁服用，每日1次，具有利水渗湿、清热解毒的作用，适合脂肪肝患者。

穴位按摩

选用穴位：内关、外关、足三里、大椎、肝炎穴。

内关穴： 位于前臂，腕横纹上2寸，桡侧腕屈肌肌腱同掌长肌肌腱之间。

外关穴： 位于前臂背侧，当阳池与肘尖的连线上，腕背横纹上2寸，尺骨与桡骨之间。

足三里穴： 小腿前外侧，当犊鼻下3寸，距胫骨前缘一横指（中指）。

大椎穴： 位于人体的颈部下端，第七颈椎棘突下凹陷处。

肝炎穴： 脚踝内侧上2寸处，肝区中的一个敏感区。

操作方法：

①以一手拇指、食指相对分别按压内关、外关穴位，用力均匀，持续5分钟，使局部有酸胀感，有时可向指端放射。

②以拇指或食指端部按压双侧足三里穴。指端附着皮肤不动，由轻渐重，连续均匀地用力按压。

③坐位，头略前倾，拇指和食指相对用力，捏起大椎穴处皮肤，做间断捏揉。

④下肢膝关节屈曲外展，拇指伸直，其余四指紧握踝部助力，拇指指腹于内踝上2寸之"肝炎穴"处进行圆形揉动。

慢性胃炎

　　慢性胃炎是指由各种原因引起的胃黏膜炎症，是一种常见病，其发病率在各种胃病中居首位。现代科学认为，幽门螺旋杆菌感染、经常进食刺激性食物或药物引起胃黏膜损伤、高盐饮食、胃酸分泌过少及胆汁反流等，都是引起慢性胃炎的因素。

临床症状

　　1. 慢性浅表性胃炎：慢性胃炎中最常见的类型，表现为上腹疼痛，疼痛多数无规律，腹胀、嗳气等。多数患者可无症状。

　　2. 慢性萎缩性胃炎：有些慢性萎缩性胃炎患者可无明显症状，但大多数患者可有上腹部灼痛、胀痛、钝痛或胀满、痞闷，尤其在进食后更明显，伴食欲不振、恶心、嗳气、便秘或腹泻等症状。

　　3. 慢性糜烂性胃炎：起病往往较急且重，出现上消化道大出血、呕血、黑便、休克等症状，出血停止后常易复发，患者常伴有贫血症状。

饮食注意

　　√饮食时要细嚼慢咽，使食物与唾液充分混合，有利于消化和减少胃部的刺激。

　　√饮食宜按时定量、营养丰富，多食富含维生素的食物。

　　√饮食宜清淡，晚餐不宜过饱，待食物消化后再睡觉。

　　√治疗胃炎可食用具有保护胃黏膜功效的药材和食材，如蒲公英、黄芪、白芍、白术、丹参、五灵脂、车前草、酸奶、南瓜、木瓜等。

　　√胆汁反流也是造成慢性胃炎的一个重要因素，抗胆汁反流的药材有枳实、姜、半夏、厚朴、茯苓、人参、炙甘草等。

生活保健

√患者要保持精神愉快，因为精神抑郁或过度紧张和疲劳，容易造成幽门括约肌功能紊乱引起胆汁反流而发生慢性胃炎。

√加强体育锻炼，增强体质，加强肠胃功能。

× 忌用或少用对胃黏膜有损害的药物，如阿司匹林、保泰松、消炎痛、利血平、甲苯磺丁脲、激素等，如果必须使用这些药物，一定要饭后服用，或者同时服用抗酸剂及胃黏膜保护药，以防止它们对胃黏膜的损害。

民间秘方

1.将3克大黄磨成粉，放入杯中，冲入开水，待其略凉后加入15毫升蜂蜜，搅拌均匀后静置10分钟即可饮用，每日1次。有清热解毒、活血益气、润肠通便的作用，适用于慢性胃炎、便秘患者。

2.将10克香附、8克青皮、8克玉竹加适量的水煎汁，取汁空腹服用。对于慢性胃炎伴胸胁胀痛有良好的疗效。

穴位按摩

选用穴位：中脘、内关、外关、手三里、足三里。

中脘穴： 位于上腹部，前正中线上，当脐中上4寸。

内关穴： 位于前臂正中，腕横纹上2寸，桡侧腕屈肌肌腱同掌长肌肌腱之间。

外关穴： 位于前臂背侧，当阳池与肘尖的连线上，腕背横纹上2寸，尺骨与桡骨之间。

手三里穴： 位于前臂背面桡侧，当阳溪与曲池连线上，肘横纹下2寸处。

足三里穴： 位于小腿外侧，当犊鼻下3寸，距胫骨前缘一横指（中指）。

操作方法：

分别按揉以上穴位2分钟左右。

消化性溃疡

　　胃及十二指肠溃疡又称为消化性溃疡，是极为常见的疾病。它的局部表现是位于胃十二指肠壁的局限性圆形或椭圆形的缺损。患者有周期性上腹部疼痛、泛酸、嗳气等症状。本病易反复发作，呈慢性病程。幽门螺杆菌感染、非甾体抗炎药、胃酸分泌过多、胃黏膜受损等均是引起溃疡的常见病因。

临床症状

　　1. 上腹部疼痛：疼痛的性质常为隐痛、灼痛、胀痛、饥饿痛或剧痛，具有慢性、周期性、节律性等特点。

　　2. 全身症状：消化性溃疡的发作可伴有嗳气、泛酸、流涎、恶心、呕吐等症状。病情严重者会出现消化道出血症状，如黑便或便血、吐血。

饮食注意

　　√宜食具有理气和胃、止痛作用的食物，如馒头、米饭、米粥、鸡蛋羹、牛羊肉、豆制品、莲子、青枣、胡萝卜、扁豆、鲫鱼、墨鱼等。

　　√根除幽门螺杆菌是治疗本病的关键，常用的药材和食材有黄连、甘草、黄檗、西蓝花、西红柿、花菜等。

　　√可适当选用具有抑制胃酸分泌作用的药材和食材，如延胡索、蒲公英、白头翁、青黛、黄连、栀子、陈皮、白及、食用碱等。

　　√消化性溃疡患者应选择吃些不会促进胃酸分泌或者能中和胃酸且热量较多的食物，主食宜吃软米饭、燕麦粥、面条，以及含碱的面包或馒头。

√饮食宜清淡，少吃刺激性食物，晚餐不宜过饱，待食物消化后再睡觉。

× 忌食过硬、粗糙的食物，这些食物易反复摩擦胃黏膜，加重溃疡面的损伤，而且不利于消化。

生活保健

√精神因素也是引起溃疡病的一个重要原因，所以溃疡病患者要保持良好的心态和心情，避免受情绪刺激，切忌长期抑郁或烦躁。

√有胃癌家族遗传史的消化道溃疡患者要定期去医院检查，必要时做胃镜检查，并坚持服药，遇有症状加重、消瘦、厌食、黑粪等情况时，应及时到医院检查。

× 由于消化性溃疡的形成与胃液中的胃酸和胃蛋白酶的消化作用有关，故切忌空腹上班和空腹就寝。

民间秘方

甘草适量研成细粉，加入适量水蒸熟，连汤带连粉一起服用，每次3克，每日3次，3周为一个疗程。有抑制胃酸分泌、缓急止痛、补脾益气的作用，适用于胃及十二指肠溃疡。

穴位按摩

选用穴位：梁丘、足三里、三阴交、解溪、内关、手三里。

梁丘穴：伸展膝盖用力时，筋肉突出处的凹陷。

足三里穴：小腿前外侧，当犊鼻下3寸，距胫骨前缘一横指（中指）处。

三阴交穴：位于小腿内侧，内脚踝突出处上3寸，胫骨内侧缘后方。

解溪穴：位于小腿与足背交界处的横纹中央凹陷处，足拇长伸肌肌腱与趾长伸肌肌腱之间。

内关穴：位于前臂正中，腕横纹上2寸，在桡侧腕屈肌肌腱同掌长肌肌腱之间。

手三里穴：位于前臂背面桡侧，当阳溪与曲池连线上，肘横纹下2寸处。

操作方法：

分别按揉以上穴位2分钟左右。

痔疮

痔疮又名痔、痔核、痔病、痔疾，是指人体直肠末端黏膜下和肛管皮肤下的静脉从发生扩张和屈曲所形成的柔软静脉团。痔疮包括内痔、外痔、混合痔。痔疮的诱发因素很多，其中便秘、长期饮酒、进食大量刺激性食物及久坐不立是主要诱因。

临床症状

1. 大便出血：这是痔疮早期常见症状，无痛性、间歇性出血，颜色鲜红，一般发生在便前或者便后，有单纯的便血，也会与大便混合而下。

2. 大便疼痛：一般表现为轻微疼痛、刺痛、灼痛、胀痛等。

3. 直肠坠痛：肛门直肠坠痛主要是内痔的症状。轻者有胀满下坠感，如果内痔被感染、嵌顿、出现绞窄性坏死，则会导致剧烈的坠痛。

4. 其他症状：肛门有肿物脱出，肛门有分泌物流出，肛周瘙痒，或伴有肛周湿疹。

饮食注意

√饮食宜清淡，多选择含丰富的纤维素和维生素、有助于促进肠道蠕动的蔬菜水果。

√痔疮患者宜选择具有改善血液循环作用、含纤维素多且有助于促进肠道蠕动的药材和食材，如生地、党参、丹参、白芷、川贝、川芎、红枣、麦冬、当归、牛蒡根、决明子、韭菜、绿茶、苹果、香蕉、柚子等。

√应选择具有清热利湿、凉血消肿、润肠通便作用的食物，如苦瓜、黄瓜、西红柿、乌梅、绿豆、荷叶等。

√选择含纤维素多、补气健脾的食物，如马铃薯、红薯、香菇、栗子、红枣、鸡肉、兔肉、猪肚、牛肚、粳米、籼米、糯米、扁豆等。

生活保健

√痔疮患者可采取坐浴的方法来辅助治疗，可用清热解毒、凉血化瘀类药物坐浴，如金银花、黄檗、黄连、秦皮、苦参、地肤子、丹参、丹皮等。

√痔疮患者要加强体育锻炼，改善盆腔长时间充血状况。

√养成定时排便的习惯，一日至少一次，并且要保持肛门周围清洁，每日用温水清洗，勤换内裤。

× 忌久坐、久站、久蹲。长时间不起来活动，会导致肛周血液循环不畅，增加患痔疮的概率。

民间秘方

取生地、苦参各 30 克，生大黄、槐花各 9 克，放入砂锅中加适量清水煎汁，取汁服用，对于痔核以及痔核出血有良好的疗效。

穴位按摩

选用穴位：中脘、气海、中极、足三里、大肠俞、脾俞、胃俞。

中脘穴： 上腹部，前正中线上，当脐中上 4 寸。

气海穴： 下腹部，前正中线上，当脐中下 1.5 寸。

中极穴： 体前正中线，脐下 4 寸。

足三里穴： 位于小腿外侧，犊鼻穴下 3 寸，距胫骨外侧约一横指（中指）处。

大肠俞穴： 腰部，当第四腰椎棘突下。

脾俞穴： 背部，当第十一胸椎棘突下，旁开 1.5 寸。

胃俞穴： 背部，当第十二胸椎棘突下，旁开 1.5 寸。

操作方法：
分别按揉以上穴位 2 分钟左右。

下肢静脉曲张

　　静脉曲张是一种常见疾病，尤其多见于从事持久体力劳动或站立工作的人员，主要表现为下肢表浅静脉扩张、伸长、迂曲，产生患肢酸胀、乏力、沉重等症状，严重者常伴有小腿溃疡或浅静脉炎等并发症。本病主要由于血瘀、血管弹性不佳及静脉瓣关闭不全或无力等所致。

临床症状

　　1. 血管： 表层血管像蚯蚓一样曲张，明显凸出皮肤，曲张呈团状或结节状。

　　2. 腿部： 腿部有酸胀感，皮肤有色素沉着、脱屑、瘙痒，足踝水肿。

　　3. 肢体： 肢体有异样的感觉，针刺感、奇痒感、麻木感、灼热感。

　　4. 表皮： 表皮温度升高，有疼痛和压痛感，局部坏疽和溃疡。

　　5. 其他： 若为单纯性下肢浅静脉曲张，一般临床症状较轻，进展较慢，多表现为单纯曲张，少数情况可有血栓性静脉炎、静脉溃疡等情况；若为深静脉瓣膜功能不全，甚至深静脉回流受阻情况，则病情相对较重，小腿站立时有沉重感，易疲劳，甚至下肢肿胀及胀破性疼痛，后期则发生皮肤营养性变化，导致脱屑、萎缩、色素沉着、湿疹溃疡的形成。

饮食注意

　　√饮食宜清淡而富有营养，多吃新鲜蔬菜和水果。蔬菜含有大量的维生素及矿物质，可以改善组织的氧化作用，增加血液循环，提高机体免疫力。

　　√多吃含蛋白质丰富的食物。充足的蛋白质可以维持体内所有营养物质的平衡，增强免疫力，保护细胞，还可以乳化脂肪，促进血液循环。

× 忌食辛辣刺激食物、鱼腥发物等，不要吸烟。

× 远离酒精，饮用含有酒精的饮料和酒水会加剧静脉曲张的程度。

生活保健

√控制体重，肥胖的人应该减肥，肥胖虽不是直接原因，但过重的力量压在腿上可能会造成腿部静脉回流不畅，使静脉扩张加重。

√避免高温，高温易使血管扩张，加重病情。

√睡姿最好采用左侧卧位，在休息和睡觉的时候，采用左侧卧位有利于下腔静脉的血液循环，减轻静脉曲张的症状。

√长期从事重体力劳动和长期站立工作的人，最好穿弹力袜套，使浅静脉处于被压迫状态。

× 不要提重物，重物会加重身体对下肢的压力，不利于静脉曲张症状的缓解。

× 不要穿紧身的衣服，腰带、鞋子都不可过紧，最好穿低跟鞋。

穴位按摩

选用穴位：小腿部位。

操作方法：

①患者平卧，将小腿垫高便于血液回流。

②医者用双手拇指顺着血液回流的方向上推。推法在应用时所用的力量须由轻而重，频率 50 ~ 150 次 / 分，开始稍慢，逐渐加快。

③用拇指与食指、中指或其他手指相对做成钳形，用力捏住小腿部的肌肉，由下至上做一收一放的揉捏动作。使用拿法时，腕部要放松灵活，要由轻到重，再由重到轻。

④用拇指和食、中两指相对，挟提皮肤，双手交替捻动，向前推进。手法力量重点，以患者感到酸胀为度，频率 100 次 / 分。

以上按摩疗法每天 1 次，每次 30 分钟。

月经不调

　　月经失调，也称月经不调，表现为月经周期或出血量的异常，或是月经前、经期时的腹痛及全身症状。引起月经不调的原因：情绪异常，长期的精神压抑、生闷气或遭受重大精神刺激和心理创伤；寒冷刺激，经期受寒冷刺激，会使盆腔内的血管过分收缩；节食过度，机体能量摄入不足；嗜烟酒等。

临床症状

　　1. 痛经：在经期及其前后出现小腹或腰部疼痛，甚至痛及腰骶。每随月经周期而发，严重者可伴恶心呕吐、冷汗淋漓、手足厥冷，甚至昏厥等现象。

　　2. 月经提前：平时月经周期正常，突然出现月经周期缩短，短于21天，而且连续出现两个周期以上，但月经量正常。

　　3. 月经推迟：平时月经规律，月经推后7天以上，甚至40～50天一行，并连续出现两个月经周期以上，但月经量正常。

　　4. 经期延长：月经周期正常，经量正常，但经期延长，经期超过7天，甚至2周才干净。

　　5. 月经先后不定：月经时而提前，时而延迟，周期或短于21天，或长于35天。

　　6. 经间期出血：两次规律正常的月经周期中间出现出血。

饮食注意

　　√月经不调患者宜选用具有松弛子宫肌肉作用的中药材和食材，如益母草、芹菜、韭菜、香油、花生油、香蕉、瓜子、杏仁、薏米、核桃等。

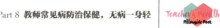

√可选用具有止痛止血功能的中药材和食材，如艾叶、当归、白芷、川芎、红花、细辛、核桃、黑豆等。

√宜食肉、蛋、奶类食物，如猪肉、牛肉、羊肉、兔肉、鸡肉、鱼类、蛋类等。

√平时多吃富含维生素、糖分、水分和矿物质的水果，如苹果、梨、香蕉、柑橘、山楂、荸荠、桃子、杏、石榴、柿子、杨梅等。

生活保健

√保持精神愉快，避免精神刺激和情绪波动。

√要注意卫生，预防感染，注意外生殖器的清洁卫生。月经期绝对不能性交。

√注意保暖，避免寒冷刺激，避免过劳。

√内裤宜选柔软、棉质、通风透气性良好的，要勤洗勤换，换洗的内裤要放在阳光下晒干。

民间秘方

取艾叶 500 克捣碎装入纱布袋中，绞取汁液倒入杯中，加入适量白砂糖搅拌均匀即可，每次服 30 ～ 50 克，每日 1 次。有益气活血、调经止痛的功效。

穴位按摩

选用穴位：八髎、命门、足三里、血海、阴陵泉、阴包。

八髎穴：骶椎。又称上髎、次髎、中髎和下髎，左右共八个穴位，分别在第一、二、三、四骶后孔中，合称"八穴"。

命门穴：位于腰部，当后正中线上，第二腰椎棘突下凹陷中。

足三里穴：位于小腿外侧，犊鼻下 3 寸，距胫骨外侧约一横指（中指）处。

血海穴：屈膝，位于大腿内侧，髌骨内缘上 2 寸，当股四头肌内侧头的隆起处。

阴陵泉穴：小腿内侧，当胫骨内侧小缘与胫骨内侧缘之间的凹陷处。

阴包穴：位于大腿内侧，当股骨上髁上 4 寸，股内肌与缝匠肌之间。

操作方法：

分别按揉以上穴位 3 分钟左右。

乳腺增生

乳腺增生症是正常乳腺小叶生理性增生与复旧不全，乳腺正常结构出现紊乱，属于病理性增生，它是既非炎症又非肿瘤的一类病。在青春期或青年女性中，经前有乳房胀痛，有时疼痛会波及肩背部，经后乳房疼痛逐渐自行缓解，仅能触到乳腺有些增厚，无明显结节，这些是属于生理性的增生，不需要治疗。本病多由内分泌失调、精神及环境因素等所致。

临床症状

1. 乳房疼痛：常于月经前数天出现或加重，行经后疼痛明显减轻或消失。疼痛亦可随情绪变化、劳累、天气变化而波动。

2. 乳房肿块：肿块可发于单侧或双侧乳房内，单个或多个，一般好发于乳房外上象限。表现为大小不一的片状、结节状、条索状等，其中以片状为多见。

3. 乳房溢液：少数患者可出现乳头溢液，为自发溢液，多为淡黄色或淡乳白色，也有少数者经挤压乳头可见溢液。如果出现血性或咖啡色溢液需谨慎，并可采取按摩方法及时控制和治疗。

饮食注意

√多食水果、蔬菜、豆类、菌类等可提高机体免疫力的食物，如黑木耳、香菇、芦笋、胡萝卜、西红柿等。

√宜多吃具有增强免疫力、防止复发作用的食物，包括桑葚、猕猴桃、芦笋、南瓜、大枣、洋葱、韭菜、薏米、菜豆、山药、香菇、虾皮、蟹、青鱼、对虾。

√肿胀宜吃薏米、丝瓜、赤豆、芋芳、葡萄、荔枝、荸荠、鲫鱼、鲛鱼、海带、泥鳅、黄颡鱼、田螺。

√乳房胀痛、乳头回缩宜吃茴香、葱、虾、橘饼、榧子、柚子。

√多吃粗粮杂粮，如糙米、玉米、全麦片，少吃精米、精面；常吃富有营养的干果类食物，如芝麻、南瓜子、西瓜子、花生、核桃、杏干、杏仁、葡萄干等。

× 忌燥热、辛辣刺激食物。蒜、胡椒、花椒、辣椒等食物性味燥热，吃了以后更会生热化火，使症状加重。

生活保健

√生活要有规律，注意劳逸结合，保持性生活和谐，可调节内分泌紊乱，保持大便通畅，减轻乳腺胀痛。

√少生气，保持情绪稳定，愉悦的心情有利增生康复。

× 禁止滥用避孕药及含雌激素的美容用品，不吃用雌激素喂养的鸡、牛肉。

民间秘方

将250毫升左右的食用醋倒入铝锅中，取1～2个新鲜鸡蛋打入醋里，加水煮熟，吃蛋饮汤，1次服完。

穴位按摩

选用穴位：阿是穴。

阿是穴： 无固定名称与位置，为病痛局部或与病痛有关的压痛或缓解点。

操作方法：

①患者取坐位，双手自然平放于身体两侧。

②以手掌上的大鱼际着力于阿是穴，在红肿胀痛处施以轻揉手法，以顺时针方向做回旋动作2分钟，由轻到重再至轻。操作时手指和手掌应紧贴皮肤，与皮肤之间不能移动，而皮下的组织被揉动，幅度可逐渐扩大。

③然后用手掌按压在阿是穴上，先以顺时针方向摩动2分钟，再以逆时针方向回旋摩动2分钟。操作时指或掌不要紧贴皮肤，在皮肤表面做回旋性的摩动，以热为度。

乳腺炎

乳腺炎是乳腺管内和周围结缔组织炎症，多发生于产后哺乳期的妇女，尤其是初产妇更为多见。哺乳期的任何时间均可发生，但以产后 3～4 周最为常见，故又称产褥期乳腺炎。乳头破裂易引起乳腺发炎，初产妇哺乳期不注意卫生易引起乳腺炎。

临床症状

1. 急性单纯性乳腺炎： 发病初期患者出现乳房胀痛，局部皮肤温度高、有压痛，乳房出现硬结，边界不清，有触痛，按摩可缓解。

2. 急性化脓性乳腺炎： 发病前多有乳头皲裂破损及乳汁淤积不畅，起病时常有高热、寒战、全身无力、头痛等全身感染症状，患侧乳房出现红、肿、热、痛，出现明显的硬结，有明显的触痛和搏动性疼痛，常伴有腋下淋巴结肿大，检查白细胞计数有增高，严重时可并发败血症。

饮食保健

√乳腺炎患者宜选用具有抑制乳腺致病菌的中药材，如鱼腥草、决明子、桑叶、金银花、紫苏、川贝、菊花、木香、海金沙、茯苓等。

√宜选用具有消炎排脓作用的中药材，如蒲公英、绿豆、赤小豆、薏米等。

√宜食具有清热通乳作用的食物，如丝瓜、黄花菜、猪蹄、木瓜、柑橘、西红柿等。

√宜食具有清热解毒作用的蔬菜水果，如马齿苋、苋菜、苦瓜、白菜、荸荠、黄瓜、海带、香菇、胡萝卜、木耳、银耳、无花果、葡萄、西瓜、苹果等。

生活保健

√乳腺炎患者早期应注意休息，暂停母乳喂养，清洁乳头、乳晕，设法使乳汁排出（用吸乳器或用嘴吸吮），避免乳汁淤积。

√防止乳头损伤，有损伤时要及时治疗。

√多吃粗粮，孕期多按摩乳房可预防乳腺炎。

× 不要给孩子养成含乳头睡觉的习惯。

民间秘方

1.取绿豆 30 克、海带 20 克、鱼腥草 15 克一同放入锅内，加水烧沸，转小火继续熬煮至绿豆烂，加入白砂糖搅匀即可，喝汤吃渣，每日 1 次，连服 6 ~ 7 日。有抑菌消毒、清热消肿的功效，适合乳腺炎患者。

2.取蒲公英 15 克、金银花 15 克、料酒 200 毫升一起放入锅内煎煮，煎至料酒剩 100 毫升时，滤渣取药酒饮用。有清热消肿、软坚散结的作用，适用于乳腺炎患者。

穴位按摩

选用穴位：阿是穴

阿是穴：无固定名称与位置，为病痛局部或与病痛有关的压痛或缓解点。

操作方法：

①患者仰卧，双手自然平放于身体两侧。

②以右手小鱼际部着力于患部，从乳房肿结处沿乳根向乳头方向做高速振荡推赶，不可反向，速度要均匀不要过快，操作时主要依靠前臂和手部的肌肉持续发力，使力量集中于指端或手掌，形成震动力，使按摩部位随之发生震颤。操作时要着力实而频率快，使其有向深部渗透的感觉。反复 3 ~ 5 遍局部出现有微热感时效果佳。本法多用于治疗急性乳腺炎的早期。

子宫肌瘤

子宫癌是最常见的女性生殖器官恶性肿瘤，是指发生在子宫的恶性肿瘤，常见的有子宫颈癌和子宫内膜癌。早婚、早育、多产及性生活紊乱的妇女有较高的患病率。导致子宫癌的重要诱因包括：性生活过早，单纯疱疹病毒Ⅱ型、人乳头瘤病毒、人巨细胞病毒等病毒的感染、真菌感染、宫颈糜烂等。

临床症状

1. 阴道出血：70％以上的患者会出现不规则阴道出血，尤其是接触性出血（即性生活后或妇科检查后出血）和绝经后阴道出血是宫颈癌患者的主要症状。

2. 阴道分泌物改变：白带增多，呈白色稀薄水样、米泔样或呈血性白带，有腥臭味。当癌组织破溃感染时，分泌物可为脓性，伴恶臭。

3. 宫颈重度糜烂：妇科检查时，宫颈糜烂较严重，有的呈菜花状，部分患者子宫体积增大，尤其是年轻女性宫颈糜烂经久不治，或是更年期后仍有宫颈糜烂的患者应该引起重视。

4. 晚期全身症状：身体逐渐消瘦、虚弱，贫血、发热以及下腹、背部及腿部疼痛。由于肿瘤的浸润、转移，可出现相应部位的症状，如尿频、尿急、肛门坠胀、大便秘结、下肢肿痛、坐骨神经痛、肾盂积水、肾功能衰竭、尿毒症等。

饮食注意

√子宫癌患者宜选择具有阻断癌细胞营养供给作用的中药材和食材，如无花果、猕猴桃、薏米、香菇、黄花菜、苹果、橘子、橄榄、荸荠、海蜇等。

√宜选用具有消炎止血作用的中药材和食材，如藕节、大蓟、小蓟、槐花、侧柏叶、丹参、茄子、莲藕等。

√宜食用具有清热解毒作用的食物，如金银花、土茯苓、牡丹皮、马齿苋、苋菜、油菜、苦瓜、丝瓜等。

√宜选择具有增强免疫功能的中药材，如灵芝、川芎、党参、黄芪、虫草等。

生活保健

√子宫癌发病率越来越高，建议女性每年进行一次常规体检，有助于子宫癌的早期发现、早期治疗。一旦出现阴道不规则出血、白带异常等现象或者发现阴道炎、宫颈糜烂等一定要及时进行检查和治疗。

穴位按摩

选用穴位：百会、中极、提托、子宫、脾俞、肾俞、八髎。

百会穴： 头部正中线与两侧耳郭尖连线交叉点，当后发际上 7 寸处。

中极穴： 体前正中线，脐下 4 寸。

提托穴： 下腹部，脐下 3 寸，左右旁开 4 寸处。

子宫穴： 下腹部，当脐中下 4 寸，中极旁开 3 寸。

脾俞穴： 背部，当第十一胸椎棘突下，旁开 1.5 寸。

肾俞穴： 腰部，第二腰椎棘突旁开 1.5 寸处。

八髎穴： 位于骶椎。又称上髎、次髎、中髎和下髎，左右共八个穴位，分别在第一、二、三、四骶后孔中，合称"八穴"。

操作方法：

①患者坐或卧位，按揉头部百会穴，环形揉按 72 次，力度由轻至重。

②患者仰卧，操作者拿捏中极穴处肌肉，持续揉捏 10 遍，同时结合提法，双手按于中极穴处肌肉使劲连续向上提，再以拇指在提托穴、子宫穴上用力向下按压 3 分钟，力量要由轻而重，使患部有一定压迫感后，再慢慢放松。

④患者俯卧，使用拇指或食指点按在脾俞穴和肾俞穴的穴位中心，以顺时针方向各揉 1 分钟，力度由轻至重，再由重至轻。

⑤来回横擦八髎穴，一来回为 1 次，以每秒 2 ~ 4 次的频率操作，以热为度。